ご機嫌な人生を送るために必要な6つの大切なこと

大島勇人
OHSHIMA HAYATO

幻冬舎MC

ご機嫌な人生を送るために必要な６つの大切なこと

プロローグ

私の職業は大学職員です。もう少し詳しく言えば、教員すなわち教育・研究者です。自分の研究をベースにした学部・大学院における専門教育に加え、研究を生業《なりわい》としています。教育は、自分の担当教育分野のシラバス（授業の目的、到達目標、授業内容・方法、1年間の授業計画、成績評価方法・基準等を明らかにしたもの）に従い、その範囲の中でかなり自由に教育することができます。昨今では、合格率が厳しく制限されハードルが高くなった（歯科医師）国家試験をクリアする知識を教育することがマストになっているという状況はありますが、教育内容・方略は教員の裁量に委ねられています。

教育には、市販の教科書・参考書や自分の学生時代の講義ノートが拠り所となりますが、教科書の記載がすべて正しいとは限りません。教科書には科学的根拠に基づかない著者の考えが述べられている箇所があるからです。行間から教科書の未解決問題を抽出することも教育力・研究力です。

研究では、専門（歯学）領域での問題点・未解決問題をベースに解決すべき具体的な課題を提示し、仮説を立て、その仮説を証明する研究方略を立案し、実際に調査・研究を実施し、トライアル＆エラーで検証を重ね、得られた結果を論理的に考察し、最後には解決すべき具体的な課題の答えを提示します。そして、その研究成果を論文という形で発表します。研究における科学的根拠は、その時点で過去に発表された論文となります。作家やミュージシャンにとって本や楽曲がプロダクトであるのと同様に、研究者にとっては自分の発表した論文が科学的根拠となるプロダクトとなります。すなわち、研究者も創造性の高いクリエイターと言えます。

科学研究においては、研究者の誠実性が強く求められ、その度合いは他の大半の専門職より高いかもしれません。公表された結果が不正確な場合には、科学の進歩が大きく遅れる可能性があるので、科学界は、結果を報告する研究者の誠実性に依存していると言えます（アン・M・コグヒル、ローリン・R・ガーソン編・中山裕木子訳「ＡＣＳスタイルガイド　アメリカ化学会　論文作成の手引き」［講談社、２０１９年］より引用）。別の事実が立証されない限り、研究の記述内容は公正なものとみなされますので、誤った結論は研究の進展にネガティブに作用します。このようなしくみを確実に機能させていくことは論文の著者の責任です。研究という行為は、必然的に既存の方法や理論の限度を広げようとするため、判断や解釈の間違いが生じることもありえますが、研究における捏造・改ざん・盗用は明らかに倫理に反する行為（不正行為）となります。

目の前の事象を科学的に捉え、論理的に思考する力が、自然と身につくのが研究者であると思います。本書は、「ご機嫌な人生を送るためには6つのことを実施することが必要である」という仮説を立証するための人生を賭けた壮大な人体実験の物語です。ご機嫌な人生を送るという目標を意味がないと決めつける人はいないと思いますが、本書では、まず幸せとは何か？を考察し、幸せになるための具体的な方略を提示し、既に実践を開始している成果を紹介し、最後に10カ年計画の途中経過と定年後の展望についても述べたいと思います。

研究の世界では、公的研究費を獲得するために、研究の目的、研究目的を達成するための研究方法・準備状況、研究遂行能力、研究構想に至った背景と経緯、研究の独自性・創造性・意義などを研究計画調書としてまとめて申請し、ピアレビュー（同じ専門領域の研究者の中で評価を行うこと）で審査員が評価し採択・不採択を決定します。

本書は、まさに幸せになるための研究計画調書です。読者の皆さんが本書を手に取るか否かが、幸せになるための研究費の採択・不採択を意味し、私が80歳になっても、いや100歳になってもご機嫌な人生を送っていたときに、本書の仮説が立証されることになるのでしょう。

目次

6つの大切なこと　その1「健康」

6つの大切なこと　その2「精神的健康」

6つの大切なこと　その5「生き甲斐」

ワークライフバランスを考える
ワークライフバランスは自分のライフスタイルに合わせた時間軸で考える必要がある 158
環境は自分でつくる
やりたいことを実現するためには、自分のキャリアデザインをメタ認知することが重要 160
仲間をつくる
多くのコミュニティと関わることで、様々な人との邂逅を通して、人生の旅を楽しむことができる 162

6つの大切なこと　その6「お金」

お金について①　知っている人と知らない人
必要な情報を的確に入手し、それを活用する知識を有している人は、いくらでも経済的に有利な立場になれる 168
お金について②　目先のご褒美と将来の利益
勉強や仕事の効率性を上げるためには、勉強や仕事の内容によって外的な動機づけと内的な動機づけを使い分ける必要がある 171
お金について③　FIREは幸せか？
FIRE実現を目的とするのでなく、その前に人生の目的をはっきり位置づける必要 173

10カ年計画の途中経過と定年後の展望

ガイダンス

幸せとは何か
～幸せを知らないと幸せにはなれない～

幸せになるためには？

幸せとは何か？を知らずして、幸せになることはできない

私が50歳の時に父が他界しました。享年80歳ですが、その時に、私は自分の人生のエンドポイントを意識するようになったのです。

父の人生は、戦後の高度経済成長の時期に、志をもって丁稚奉公から切磋琢磨し、浮かれることなく自制をして資金を貯めて、起業しました。そして、会社を大きくするために寝食忘れ仕事に没頭し、人生の目標を達成することになるのです。

しかし晩年は、大腸がん、胃がん、食道がんと消化器系の病気に苦しめられました。志をもって駆け抜けた人生は充実したものであったと思いますが、晩年の闘病生活のために充実した人生の最後は病気を恨めしく思ったことであろうと想像します。

このような父の一生を鑑みると、人生のどの場面にいたとしても、未来に希望がもてるなら志をもつことができますが、そうでないのなら生きる気力が萎えてしまうのではないでしょうか。こうして私は、幸せな人生とは何か？を真剣に考えるようになったのです。

まず、「幸せな人生とは、今の充実した生活を楽しみ、未来に希望がもてることである」

ということが思い浮かびました。この仮説を思考の出発点にすると、未来に希望がもてるということは、人生の最後の15年間を幸せに過ごすにはどうすればよいのか？に繋がります。

こうして、自分の人生のエンドポイントを仮に父が他界した80歳と位置づけ、残りの人生30年をどのように生きるか、プラニングすることから考え始めたのです。なお、現在充実した生活を楽しめていない人はどうするか？については後述したいと思います。

さて、50歳からの残りの人生30年は、15年の現役と定年後の15年に分けられ、よりテーマを明確にするなら、定年後に幸せになるのにはどうしたらよいか？という命題に置き換えられます。そして、私は父とはまったく異なる職業に身を置きますが、父の晩年の充実した人生の輝きにマイナスに働いた病気にならないことが幸せの必要条件と考え、病気にならない（健康にプラスになる）ことをやろうと決意したのです。

これを受けて、充実感をもって日々忙しい仕事をこなしている自分の生活を客観的に評価しましたところ、まさに仕事が生き甲斐になっている自分に気がつきました。15年後に定年を迎えると、今の仕事を続けることができない。つまり、人生の目標を失うことの危機感も感じることができました。

そこで、5年が経過した定年10年前の55歳の時に、10年計画で定年後に充実した人生を送るために必要なことを実践することに思い至ったのです。また、10年後にその実践の成果をベースに本を出版する計画を立てました。すなわち、本書は10年後に定年を迎える壮年期の人を対象に、定年後に向けた人生の指南書として構想をスタートしたのです。

幸せとは何か？を知らずして、幸せになることはできません。幸せに関する書籍、テレビ、講演会、ネット情報には常にアンテナを立てていましたが、幸せとは何か？に対して明確な答えを得ることはできませんでした。

しかし、さらに5年が経過した60歳の時、幸せとは何か？を明確に定義することができるようになっていました。それから機会があるごとに、明確に定義することができるようになった幸せとは何か？についての自分の考えを多くの人に披露しましたが、この考えに異論を挟む人がいないことに自信を深めたのです。また、高次の次元から自分の行動を論理的に客観視することで、幸せに繋がる行動と不幸せに繋がる行動を見極めることができることに気がつきました。

こうした私の考えや体験をまとめたものが本書の内容になります。本書は最初に私が想定していた壮年期の人だけでなく、若年期、老年期の人も含め、すべての人がご機嫌な人生を送るために必要な指針になりうるものです。

三つの「Life」を考える

健康・お金・生き甲斐を同時に得ることは、幸せな人生を送るための鍵となる

生老病死《しょうろうびょうし》は、生まれること、老いること、病むこと、死ぬことを指します。仏教の世界では、この四つは避けることのできない根源的な苦しみとされます。死は避けても必ず目の前に来ます。死を見つめたときに、充実した生があるという生老病死の教えを実感することにもなるのです。生まれた以上死ぬことは避けることはできませんが、老いることと病むことは避けられないのでしょうか。

人の体を構成する細胞の老化が避けられないことは後述しますが、生物の寿命と心臓の心拍数との間に相関があるようです。哺乳類では、心拍が速い動物ほど寿命が短いの

です。また、小型動物ほど心拍が速く、大型動物ほど心拍が遅いという事実もあります。人では、速い心拍と心血管疾患による死亡や心臓突然死との間に強い相関がありますので、加齢に伴う心拍数の上昇を抑えることは、加齢に抵抗するヒントになります。

和泉徹名誉教授（北里大学）によると、人の寿命は病気にならなければ心臓の寿命に依存して決まり、科学的には120歳まで生きられるとのことです（「にいがた　しらぎく　45号」［新潟白菊会、新潟大学医学部・歯学部、2017年］より引用）。実際に泉重千代氏は120歳まで生きたとされ、ギネス認定もされていました。病むことについても、日々健康に留意することで避けることができれば、科学的には120歳まで生きることは不可能ではないようです。

それでは、ポジティブに生きることを考察してみましょう。染矢俊幸教授（新潟大学）の言葉を借りるなら、「Life」には、生命、生活、人生の三つの意味があり、医学・医療はこの三つの「Life」の支援を目指していると言えます（図1）。

人は生物として生まれ、生き、そして死ぬ生命体であると同時に、人は日々の生活という環境や社会の中でその影響を受け、適応・順応して生きています。さらに、人生の

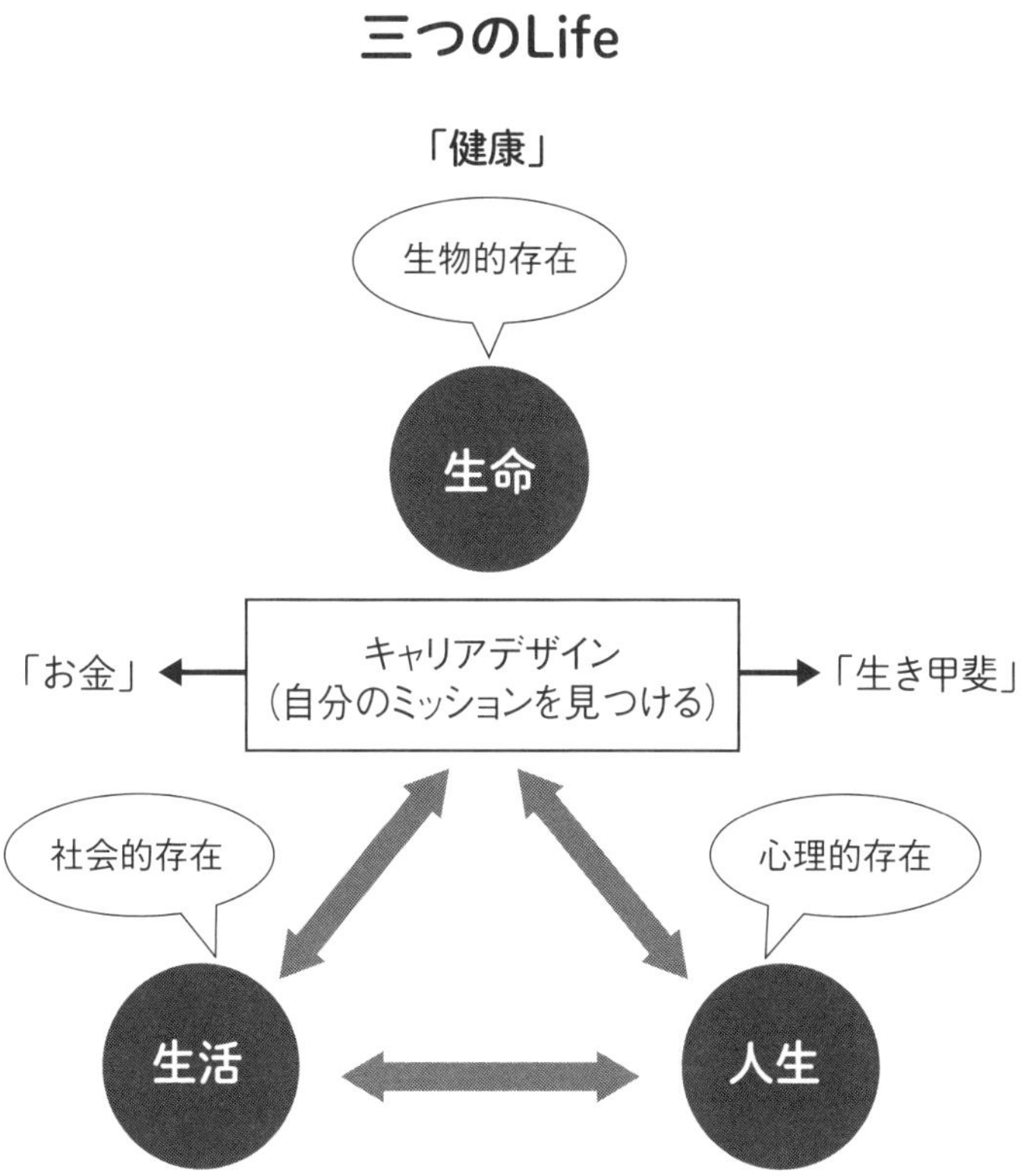

図1　三つの「Life」

「Life」には、生命、生活、人生の三つの意味があり、それぞれに重要なのが、健康、お金、生き甲斐となる。お金と生き甲斐を同時に達成する方略がキャリアデザインであり、自分のミッションを見つけることで、お金と生き甲斐を同時に獲得することができる。

体験の積み重ねによって、人にはそれぞれの価値観や人生観、ストーリーが形成される。すなわち、生物学的存在、社会的存在、心理的存在であることが人の最大の特徴であると言えます（「にいがた　しらぎく　48号」［新潟白菊会、新潟大学医学部・歯学部、2020年］より引用）。

それぞれに重要なのが、健康、お金、生き甲斐となります。生活の糧を得るために仕事をしてお金を得ます。充実した人生を得るために生き甲斐が必要です。キャリアデザインやミッションについては後述しますが、お金と生き甲斐を同時に達成する方略がキャリアデザインであり、自分のミッションを見つけることで、お金と生き甲斐を同時に獲得することができます。健康が自分のミッションを遂行するために重要なことは言うまでもありません。健康、お金、生き甲斐を同時に得ることは、幸せな人生を送るための鍵となるのです。

生き甲斐の英語訳を調べると、reason for living, something one live for, purpose in life, motivation for livingなどがありますが、人生の目標（目的）に置き換えられます。目標をもって生きることが重要なのでしょう。

幸せの肉体的メカニズム

幸せを感じるためには幸せホルモン分泌が鍵になり、幸せホルモンは交感神経と副交感神経のバランスを整える

幸せや幸福感を感じる上で欠かせない体内物質が、幸せホルモンと呼ばれるドーパミン、オキシトシン、セロトニン、エンドルフィンなどです（樺沢紫苑著「最新科学から最高の人生をつくる方法　精神科医が見つけた　3つの幸福」［飛鳥新社、2021年］より引用）。つまり、脳内で幸せホルモンが出た状態が幸せであり、幸せを感じるには幸せホルモンの分泌が鍵となります。ホルモンとは内分泌腺と呼ばれる組織から分泌される物質で、血液の中に入り、全身に送られます。

パーキンソン病（骨格筋の運動が低下し、緊張が高まる神経系疾患）の患者で産生が減少するドーパミンは、心臓がドキドキするような高揚を伴う幸福感の作用があります。お酒で楽しい気分になるのは、お酒を飲むと、ドーパミンが分泌されるからです。

オキシトシンは子宮や乳腺に働きかけ出産時の陣痛を起こすホルモンですが、精神的な作用もあるようで、不安いっぱいの子どもが母親に抱きしめられると落ち着くのはオキシトシンが分泌されるからです。

胃腸の細胞が分泌するセロトニンは下痢や嘔吐を起こすホルモンですが、脳内では精神を安定させる作用があるようです。早朝に散歩をして清々しい気持ちになるのはセロトニンの分泌が促されるからであり、ある種のうつ病では脳内のセロトニンが減少します。

エンドルフィンはモルヒネ様の鎮痛作用を示し、マラソンなどで長時間走り続けると気分が高揚してくる作用（ランナーズハイ）はエンドルフィンの分泌によるようです。

これらのホルモンは自律神経のバランス調節に重要な役割を果たします。故安保徹名誉教授（新潟大学）によると、病気の7割は交感神経緊張、3割は副交感神経緊張で起こります。健康な体には交感神経と副交感神経のバランスが重要なのです（「にいがたしらぎく　38号」［新潟白菊会、新潟大学医学部・歯学部、2010年］より引用）。

無理をしすぎたり、疲れがたまったままだったり、寝不足が続いたり、悩みや心配事を長く抱えていたり、時には、強いプレッシャーの中で我慢を強いられていたりして、いつまでもストレスが解消されないままだとそれまで順調だった人が体調を崩し始め、そこから、病気が引き起こされます。

では、交感神経、副交感神経とはいったいどういう機能を持っているでしょうか。

まず、人は鼻から呼吸をして口から栄養を取り、血液を介して酸素と栄養を全身に送り、子種《こだね》と不要な尿を体外に排出します。また、見る、聞く、嗅ぐ、味わう、触るという機能を発達させ、外部環境に適応するために、骨格と筋肉を発達させました。熱いものに手を触れれば、反射的に手を引っ込めるのを経験していると思いますが、触った感覚が神経系に伝えられ脳が熱いと感じ、熱いと感じる前に神経系が手を引っ込めるように筋肉に指令を出しているのです。

このように、吸収―循環―排出に関わる器官系を植物性器官、受容―伝達―実施に関わる器官系を動物性器官といいます（三木成夫著「ヒトのからだ―生物史的考察」［うぶすな書院、１９９７年］から引用）。動物性器官のいとなみを調節しているのは神経系であり、体性神経または脳脊髄神経と呼ばれます。一方、植物性器官の中で、胃腸や心臓・血管にも筋肉が発達し、これらを調節する神経は植物性神経または自律神経と呼ばれます。

すなわち、外部環境を調節しているのが脳脊髄神経、内部環境を調節しているのが自律神経ということになります。そして自律神経は、アクセルである交感神経とブレーキである副交感神経に分かれ、内部環境は二重に支配されています。分かりやすく言えば、交感神経は、「闘争か逃走」のときに興奮し、副交感神経は「消化と安静」のときに興奮しています。

戦場の兵士や暴漢から逃げている状況が交感神経興奮の状況と考えると、交感神経が興奮しているときの自分の体の反応を理解できるでしょう。すなわち、緊張し、不安になり、強いプレッシャーを受けている環境が交感神経優位の状態で、心拍数は上がり、冷や汗をかき、鳥肌が立ち、のどがカラカラになります。

一方、食事をしているときやソファに横たわっているときは、心拍数は下がり、心身ともにリラックスしているのに気がつくでしょう。仕事中や授業中に眠くなるのは副交感神経優位な状況です。

病気にならない体をつくるためには、この交感神経と副交感神経のバランスが重要になります。また、生活にメリハリをつけるには、仕事や勉強に集中するときは交感神経優位の状況をつくり、気を抜いたり、サボったりしている副交感神経優位の状況を減らすのが肝要です。規則正しい生活を心がけ、交感神経優位の後には食事やリラックスする時間を設けて副交感神経優位の状況をつくることも必要です。

活動的、怒りっぽい、躁状態に近い人は交感神経が興奮した状態であり、いつもニコニコ、ポッチャリ、のんびりした性格、ストレスに弱く、うつ状態に近い人は副交感神経が興奮した状態です。自分がどちらの状態にあるかを把握して、前者なら意識的に副交感神経が優位になる状況をつくり、後者の場合はエクササイズなどを心がけ、交感神経と副交感神経のバランスをとることが求められます。

縁が人生を発展させる

与えられた運命の中で精一杯努力をして、因果応報の法則に従う

邂逅《かいこう》という言葉があります。きっかけは偶然であっても、それを縁だと思えるような出会い、また、出会いが偶然ではあっても、その出会いに意味を見出し、会うべくして

会ったと感じられるような出会いを邂逅といいます（岸見一郎著「幸福の哲学　アドラー×古代ギリシアの智恵」〔講談社現代新書、２０１７年〕より引用）。

人生とは、節目で今の自分に辿り着くために不可欠な人との出会いがあり、様々な経験を通して、階段を一段ずつ上っていく過程に例えられます。

若い時には見えなかった、分からなかったことが50歳を過ぎるとよく見えたり、よく分かったりすることがあります。振り返ってみれば、私はとても運が良かった。節目で今の自分に辿り着くために不可欠な人との出会いがあり、様々な経験を通して、人生の階段を上ってきました。そのすべての人との出会いが必要不可欠であったのでしょう。

今後の人生についても、どのような出会いがあり、どのような道へと繋がるのかわくわくするような気持ちでいっぱいです。その一方で、私のような恵まれた環境を得られず、好きな研究を離れていった研究者がいたのも事実です。幸せになるために大切なことを伝えようと思いますが、私自身に照らし合わせると、あるものは知らず知らずのうちに実践していた一方で、真逆なことをやって悪い結果を招いてしまったこともあります。そういう意味では、自己反省も含めて、書き綴っていきたいと思います。

私は、自分の運命の流れに乗るとともに、与えられた運命の中で精一杯努力をして、因果応報の法則に従い今の環境に辿り着いたと思っています。中学生時代から父親の勧めにより、私は何の疑問もなく歯科医師として実家がある東京に開業するというキャリアデザインを描いていました。私と父の夢である歯科医師を目指し歯学部に入学した時に、大きな出会いがありました。母校（芝高校）の先輩である故小林茂夫名誉教授（新潟大学）との出会いです。

小林教授の専門は解剖学で、まさに私と解剖学との出会いでした。小林教授は威厳を誇示せず学生目線で接してくれる親しみのある先生で、入学時から目をかけて頂き、私は解剖学教室に足を運ぶようになりました。専門課程に進学した3年生からは教室での英語の本読み会に参加するようになり、教室スタッフや教室に出入りする先輩たちとも親しく接する機会を得て、他のクラスメートよりも臨床や研究を含めた歯学の世界について深く知ることとなります。父から大学院に進学して学位（博士）を取るように勧められていたので、臨床講座に進学するのでなく、4年間は基礎講座である解剖学を専攻するという選択肢を選んだのも自然な流れでした。

大学院に進学する際にも大きな出会いがありました。故藤田恒夫名誉教授（新潟大学）との出会いです。私と藤田先生との出会いは、歯学部6年生の25歳（１９８６年）の時で、翌年に大学院入試を控え、受験科目のドイツ語対策のために、藤田先生が医学生と行っていた本読み会に参加したのが始まりでした。受験対策のつもりが、結局藤田先生の退官まで9年間ドイツ語のグリム童話を読むことになりました。藤田先生からは「目先の必要性を追うのでなく、一見不必要に思えることを継続してやることとの重要性」を伝えて頂きました。藤田先生からは、学生との関わりや研究に対する姿勢など、現在の教育・研究者としての基盤をつくる上での欠かせない多くのことを学ばせて頂きました。

私の人生で大きな転機になったのは、髙野吉郎名誉教授（東京医科歯科大学）との出会いです。その出会いは、学部3年生の講義まで遡ります。助手になりたての髙野先生が横長の黒板いっぱいにネズミの切歯の絵を描いて説明した歯の形成過程（ネズミの切歯は一生涯生え続ける常生歯なので、歯の矢状断切片を観察すると、歯の形成のすべてのステージを見ることができる）は私の頭に鮮烈に残っています。

髙野先生が私の恩師小林教授の後任の教授として母校に赴任したのが、私が大学院を修了した直後の1991年4月でした。私は4月から、将来の歯科医師としての基盤をつくるために市内の歯科医院に勤務していましたが、大学院生の時にやり残した仕事を完結させるために、医院の休みには大学に通い続け、論文をまとめる作業をしていました。そんな私の姿勢が高野教授から評価されたのでしょうか。高野先生から、「もう一度助手として大学に戻る気持ちはないか」とお誘いを受けたのです。

当時勤務医2年目で、開業医としての自分の将来像と4年間の大学院生としての研究生活の充実感を重ね合わせた時に、教育・研究者としての道が魅力的に映ったのを覚えています。当時31歳の自分の中では、臨床医になるか教育・研究者になるか35歳までに自分の人生を決めようと思ったのでした。

初めての国際学会に臨んだのが1994年でした。英語の討論もままならないで発表ポスターの前に立っているだけの私と対照的に、高野教授は流暢な英語でジョークを交えながら基調講演を行いました。高野先生のそれまでのエレガントな研究方略と重ね合わせ、高野先生こそが自分のロールモデルであると実感した瞬間でした。

文部省（現在の文部科学省）在外研究員に採択になり、フィンランドヘルシンキ大学留学が決まったのが、自分が人生の分岐点であると定めた35歳の時（1997年）でした。この時、教育・研究者の道に進むことに何のためらいもありませんでした。

現在私は、これまで享受してきた出会いを、今度は学生や若手研究者に還元する立場になったと自負しています。若い人の成長は、教育・研究者にとって大きな喜びです。若手研究者の皆さんには、与えられた運命の中で精一杯努力をして、因果応報の法則に従い、希望に満ちた将来を手にして頂きたいと思います。

キャリアデザイン＝人生設計

孔子のキャリアデザインを参考に
自分の年齢に合わせたキャリアアップを意識する

キャリアデザインとは、自分の将来のキャリアを明確に設定し、キャリア実現の具体的方略を立案し実行することで、どのような生き方をしていきたいかを考えることです。

高校生が自分の将来のキャリアを漠然と設定することは可能ですが、どのような働き方をしたいかまではなかなかイメージできないので、大学入学後も継続してキャリアデザインを考えるとともに、自分の適性や能力を自己分析して、設定したキャリアが自分にマッチしているのかどうか検証することも必要です。

大学では、専門分野を学ぶのと同様に自由に（自分の判断・責任・能力で）生きていくために必要とされるリベラルアーツを学ぶことが重要です。社会で必要な知識や情報である教養教育と問題や課題を解決していくための知識やスキルを習得するリベラルアーツとが区別されますが、物事を多角的（複眼的）に捉えて、様々な課題に柔軟に対応できる能力を鍛えていくことが重要です。

私の場合は、専門分野は歯学でしたが、歴史、文学、経済学、政治学などの他の専門分野を学ぶ機会があったのに、そのチャンスを逸してしまいました。私の学生時代は、教養課程と専門課程があり、教養課程はまさにリベラルアーツを学ぶ良い機会でしたが、先輩方のありがたくもありがたくない親切で、楽に単位が取れる裏ガイダンスなるものが存在していました。大学に入っても、合格点だけ取ればよいという受験勉強を引きずっていたのです。

大学で国家試験資格が取得できるような医学・歯学のような専門家養成学部の学生には、教養科目は単位を取得するだけで十分という態度の人が多い、と担当の先生が嘆いていたのを思い出します。

若い人には、是非そのような誤った考えをもたないように、主体的にリベラルアーツを学んでほしい。物事の本質を理解するためには、専門知識軸をもつことは重要です。語学特に英語の習得は、あらゆる分野で重要になります。科学の世界では、英語が共通言語になっており、発表や論文などもすべて英語です。グローバル社会の現代では、どのような分野へ行ったとしても、英語力は大きなアドバンテージとなります。

儒教の中庸の中に学問とは何かを述べている箇所があります。中庸にいう学問とは学・問・思・弁・行の五つを皆学問としています。この五つを具体的に述べると、事をうまくやることを求める点から、これを学といい、疑惑を解くことを求める点から、これを問といい、理に通ずることを求める点から、これを思といい、考察を精密にすることを求める点から、これを弁といい、実際に履行することを求める点から、これを行という、となっています（佐伯啓思著「学問の力」［ちくま文庫、2014年］より引用）。

ひらたく言いますと、口先だけで講釈するだけでは学問と言わず、行いまでを含めた五つが一緒になって初めて学問と呼べるということです。自分で問題意識を持ち学び、思うことから疑問が生じ、疑問が生じれば問いが生じ、知識を確かなものとするために弁が生じる。そして実際にやってみることが、行うことになります。

中国の思想家・哲学者の孔子は晩年に次の言葉を残しています。

『子曰く、吾十有五にして学に志す、三十にして立つ、四十にして惑わず、五十にして天命を知る、六十にして耳順《したが》う、七十にして心の欲する所に従えども、矩《のり》を踰《こ》えず（私は15歳で学問を志し、30歳で学問の基礎ができて自立でき、40歳になり迷うことがなくなった。50歳には天から与えられた使命を知り、60歳で人のことばに素直に耳を傾けることができるようになり、70歳で思うままに生きても人の道から外れるようなことはなくなった）』

『故事ことわざ辞典』

若い人たちにとって、この言葉はキャリアデザインを構築する際の道標《みちしるべ》になるので、これを参考に自分の年齢に合わせたキャリアアップを意識してほしい。

私の人生を振り返ると次のようになります。

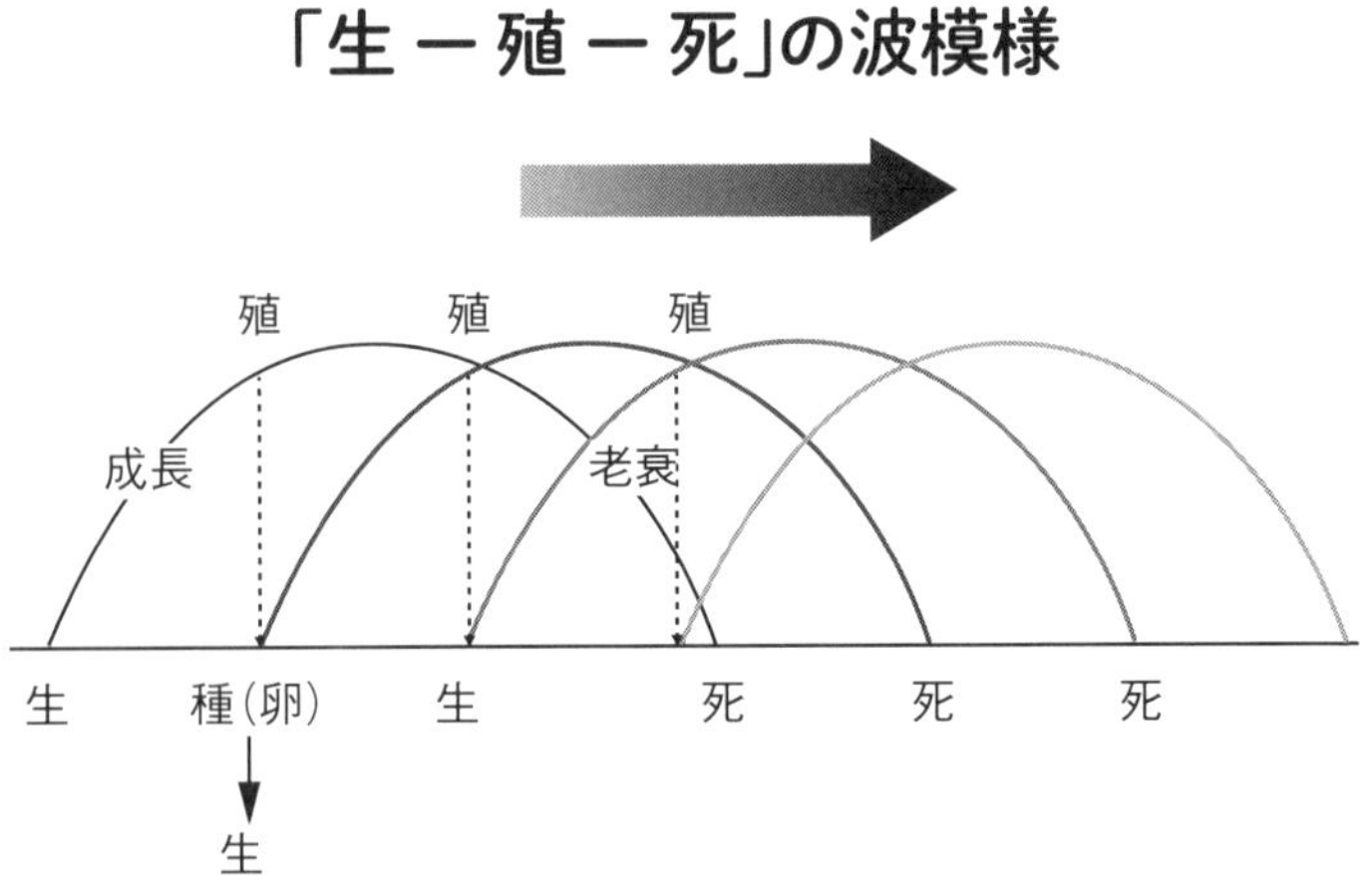

図２　「生―殖―死」の波模様

人（個）は生まれて成長し、やがて子種《こだね》を残し、老いて死んでいく。子種は新しい人（個）となり、よく似た一生を送り、この「生―殖―死」の波模様が永遠に続く。

19歳で学問を志し（歯学部に入学し歯科医師になることをめざし）、31歳で学問の基礎ができて自立でき（歯学博士となり大学で助手のポストを得て）、40歳になり迷うことがなくなり（教授となり研究の目指す方向性が決まった）、50歳にして自分の天命を知った（解剖学者として歯学教育・研究の世界で人材育成に貢献することが自分の使命だと確信した）。そして、60歳にして悟りを開いた（幸せとは何かを悟り、ご機嫌な人生を送ることを定年後の目標とした）。

生殖死の波模様

自分のＤＮＡを共有している子どもや孫の幸せは、ご機嫌な人生を送る上で大きな要素である

私たち人には寿命があり、誰しも生まれて成長し、衰え、最後は死を迎えます。そして、子種《こだね》（卵子と精子）を残します。私という個体は死を迎えると「Life」を終えるわけですが、運良く子種が育てば、その後も私の分身のＤＮＡは生殖死の波に乗って永続していくわけです（図２）。

私たちは、卵子と精子が受精した後のたった1個の受精卵が細胞分裂をして数を増やし、37兆個という細胞数からなる個体になったものです。

私たちの体を構成する細胞、すなわち体細胞は核をもつ真核細胞で、遺伝情報であるＤＮＡを2セットもっており、1セットは父親の精子から、もう1セットは母親の卵子から譲り受けたものです。このようにＤＮＡを2セットもっている細胞をディプロイド

細胞または二倍体細胞といいますが、真核細胞にはＤＮＡを1セットしかもっていないハプロイド細胞または一倍体細胞もあり、ハプロイド細胞がディプロイド細胞に進化したことが分かっています（団まりな「人間の性別は、細胞の戦略なんです」２００６年、https://www.nttcom.co.jp/comzine/no034/wise/index.html）。

ハプロイド細胞は無限に細胞分裂できますが、ディプロイド細胞であるが故に無限には分裂できない足かせを負うことになります。それは、ディプロイド細胞の染色体の末端部にテロメアという構造があり、細胞分裂とともにテロメアの長さが短くなり細胞が寿命を迎えるからです。そこで、ディプロイド細胞が生き抜くためには、いったんハプロイド細胞の状態に戻って、細胞分裂を行うために「分裂回数券」として新しいテロメアを手に入れることが必要になります。この過程が減数分裂です。

この減数分裂によりできたヒトを含めた生物の卵子と精子はハプロイド細胞であり、その持ち主であるこの「体」、人はいつか必ず死んでしまうから種として繋げるために、卵子と精子というハプロイド細胞をもち寄ってディプロイド細胞となり、新しい体をつくってそれを大事に育てていく。そしてまたその新しい体の中にまた生殖細胞ができるというメカニズムをもつことで、種を繋げているのです（三木成夫著「ヒトのからだ―生物史的考察」［うぶすな書院、1997年］から引用）。

生殖死の波模様を見ていると、子どもや孫の幸せが自分の幸せのように感じられる理由が分かるのではないでしょうか。皆さんも子どもの辛い出来事に遭遇して胸を痛め、逆に嬉しい出来事では自分こと以上に喜んだ記憶があるのではないでしょうか。自分のDNAを共有している子どもや孫の幸せは、ご機嫌な人生を送る上で大きな要素なのです。

さらに、私という個体の寿命を延ばすという行為は、私たちの子種の子種、またその子種の子種の幸せを見届けることができることになります。

ホモ・サピエンスは約7万年前の認知革命（新しい思考と意志疎通の方法の登場）を経て、共同主観的な世界に暮らせるようになり、約1万年前に始まった農業革命で新たな局面を迎え、貨幣と帝国と宗教（イデオロギー）という三つの普遍的秩序が登場します。

約500年前に始まった科学革命は地上のあらゆる生命の運命を変えることになります（ユヴァル・ノア・ハラリ著・柴田裕之訳「サピエンス全史　文明の構造と人類の幸福」［河出書房新社、2016年］より引用）。これからの未来の進歩はさらに加速されるでしょう。

ピーター・F・ドラッカーによると、ネクスト・ソサエティでは、少子高齢化は避けられないとしています（ピーター・F・ドラッカー著・上田惇生訳『ネクスト・ソサエティ―歴史が見たことのない未来がはじまる―』［ダイヤモンド社、2002年］より引用）。

人類の進歩は様々な革命をもたらし、人間の幸せに大きな影響をもたらしてきましたが、長生きをして少子高齢化や知識社会が加速する将来の子どもや孫の世界を見届けたい気持ちです。

たった3％の差が生む決定的な運命の違い

病気になる前に、健康のために3％の努力をすることの意義は大きい

大栗博司教授によると、数学が分かると、これまで言えなかったことが言える、これまで見えなかったことが見える、これまで考えたことがなかったことが考えられるようになります。

表が出たら1円もらえて、裏が出たら1円取られるという賭けをした場合、10円持って

ギャンブルに行くと、持ち金を倍にして帰る（勝つ）確率と、破産してしまう（負ける）確率は5分5分です。しかし、コインに細工をして表の出る確率が47％と3％不利な条件でこの賭けをすると、勝つ確率は23％まで下がってしまいます。さらに、所持金を50円まで上げると、勝つ確率は0・25％まで下がってしまうのです（大栗博司著「数学の言葉で世界を見たら　父から娘に贈る数学」［幻冬舎、2015年］より引用）。

同じようなことが人生にも当てはまります。健康で長生きできる確率をコントロールできれば、すなわち、バランスの良い食生活をして、適度な運動をして、タバコを吸わなければ、健康な人生を送る可能性が格段に上がります。所持金に当たるのが、遺伝的形質です。長生き遺伝子を持っていれば、その効果はさらに上がることになります。

健康にプラスになることを実践し、健康にマイナスになることを控えることで、健康で長生きできる確率が格段に高くなるのです。「好きなお酒を毎晩飲めないなら、早く死んだ方がよい」とか「タバコをやめて、タバコを吸えないストレスに苛《さいな》まれる人生なら、早く死んだ方がよい」とか耳にすることがあります。

言うは易く行うは難し、は私も同じですが、この事象は冷静に、そして客観的に考える必要があります。コロナ禍で人の交流が制限されていた頃、翌日のランニングが休みの週末の金曜日と土曜日の晩の一人飲みがささやかなストレス発散でした。この習慣は2年半続きましたが、後述するように、深酒すると睡眠の質が極めて悪くなります。

世の中がウィズ・コロナにシフトするとともに仲間との飲食の機会も許容されるようになったので、週末の自宅での飲酒習慣をやめ、平日の睡眠時間の不足を週末に補うようにしました。やってみるとできるもので、週末に飲酒をしなくてもストレスを感じなくなりました。まずは、一度やってみるというのが良いと思います。

毎日晩酌を楽しんでいる人も、もし、好きなお酒を1日1〜2杯に抑えるとか3日に1回にすることができれば、10年で飲酒できなくなり病気で苦しむ代わりに、20年間健康な状態で好きなお酒を飲み続けることができるかもしれません。タバコが死亡率に及ぼす影響は、他の危険因子に比べて格段に大きいのが事実です。

岡田正彦名誉教授（新潟大学）によると、タバコをやめてから3年ほど経った人の死亡率は、吸っていない人とまったく同じだったといいます（岡田正彦著「ほどほど養生訓」［日本評論社、2007年］より引用）。今までタバコを吸ってきた人も、これから禁煙すれば間に合うのです。

病気になる前に、健康のために3％の努力をすることの意義は大きいと思います。先日、病気を患い自分のエンドポイントを意識されていた15歳ほど年上の先輩とお話をした際に、健康に対する自分の意識・行動に対して「振り返ると後悔ばかりですよ」としみじみ語っていたのが印象に残っています。後悔しないように、自分の習慣を冷静に、そして客観的に見つめ直すことも必要なのだと思います。

Money can't buy me happiness

幸福は、富や健康、コミュニティなどの客観的条件と主観的な期待との相関関係によって決まる

富が幸福をもたらすのは事実です。しかし、一定の水準までで、それを超えると富はほとんど意味を持たなくなります。年収８００万円を超えると、年収が増えても幸福度が上がらないという研究結果もあります。

病気は短期的に幸福度を下落させますが、長期的な苦悩の種となるのは、それが悪化の一途を辿ったり、継続的で心身ともに消耗させるような痛みを伴ったりする場合に限られるといいます。

家族やコミュニティは、富や健康よりも幸福感に大きな影響を及ぼすようで、結婚生活はとりわけ重要です。ユヴァル・ノア・ハラリ氏は、コミュニティと家族が破綻を来し、次第に孤独感の深まる世界に、私たちは暮らしていると指摘しています。幸福は、富や健康、コミュニティなどの客観的条件と主観的な期待との相関関係によって決まるのです（ユヴァル・ノア・ハラリ著・柴田裕之訳「サピエンス全史　文明の構造と人類の幸福」［河出書房新社、２０１６年］より引用）。

幸福度に1～10の段階があるとすると、陽気な気質の人はレベル6～10の間で揺れ動き、レベル8に落ち着き、陰鬱な気質の人はレベル3～7の間で揺れ動き、レベル5に落ち着く。人によって幸せの基準（レベル）が違うのですが、幸い私は前者のようです。既婚者が独身者や離婚した人たちよりも幸せであることがあります。それは必ずしも結婚が幸福をもたらすことを意味しません。幸せだからこそ、結婚できたのかもしれないからです。

セロトニンやオキシトシンが婚姻関係を生み出し、維持しているとも考えられるのです。

幸福とは何かを知らなければ、幸福をつかむことはできません。

幸福とは何かという問いを立てるときには、現実を一般化するのではなく、といって単なる経験則でもない、普遍的な答えを求めたい。岸見一郎氏によると次のようになります。

成功は進歩に関係します。幸福は存在に関わるので、既に幸福で「ある」ことがあります。コロナ禍で様々な制限を受けると、既に幸福で「あった」ことに気がつきます。成功／不成功と幸福／不幸を同一視している人は、成功しなければ幸福になれないと思っているので、必死に成功を求めます。

一方、幸福は質的なものであり、成功は量的なものであるので、成功は嫉妬の対象になります。例えば、新垣結衣さんや石原さとみさんと一般の人との違いは質的な違いなので、女優は嫉妬の対象にはなりにくくなります。幸福は「各人においてオリジナルなもの」であるので、幸福は個別的であり、嫉妬の対象になりにくくなります。

幸運に依存した幸福はすぐに失われ、失われるような幸福は、そもそも最初から幸福ではない、とも言えます。幸福を感じられるためには、何が善であるかを知っていなければならない、とのことです（岸見一郎著「幸福の哲学　アドラー×古代ギリシアの智恵」〔講談社現代新書、２０１７年〕より引用）。

自分がしようとしていることの目的を見極めようとする人は、主体的に幸福を選択することができますが、幸福とは何か、普遍的な答えを得ていないと感じるのではないでしょうか？　最近、私は 幸福とは何か が分かってしまったので、皆さんに披露しましょう。

不幸せから幸せを知る

幸せとは、不幸せ の状況を回避し、「やらなければならないこと」をミッションとして捉え、「できること」の輪を広げ、「やりたいこと」を実現することである

統計学では、差があることを証明することが難しいので、差がない ことを否定することで、差がある と結論づけます。あってほしくない仮説である帰無仮説を否定することで、あってほしい仮説である対立仮説を証明します。

そうです、幸せ を定義することは難しいのですが、不幸せ を定義することは容易であることに気づきました。すなわち、不幸せ の状況を回避することが 幸せ の前提であることに気づいたのです。それでは、不幸せ とはどのような状況でしょうか？

人が行うことは、「できること」と「やらなければならないこと」と「やりたいこと」の三つです。「やりたくないこと」は「やらなければならないこと」でなければやる必要がないので、この三つに集約されます。不幸せとはこの三つができない状況と一致します（図3）。

老化・病気・事故・貧困・介護などで「できること」や「やりたいこと」が制約され、不幸せ になります。時間・お金・能力などが足りないと「やりたいこと」が制約されますが、「やりたいこと」は将来に先延ばしすることが可能なので、時間的な余裕があります。「やらなければならないこと」ができないと、退学・リストラ・精神的な苦痛などを受け、「できること」にも制約を与えます。「やらなければならないこと」はミッションでもあるので、できなくなると生活の糧を失い、「やりたいこと」への制約に拍車をかけます。野球で例えるのなら、メジャー・リーグ・ベースボール（ＭＬＢ）のイチロー選手や大谷翔平選手は「できること」と「やりたいこと」と「やらなければならないこと」の輪が大き

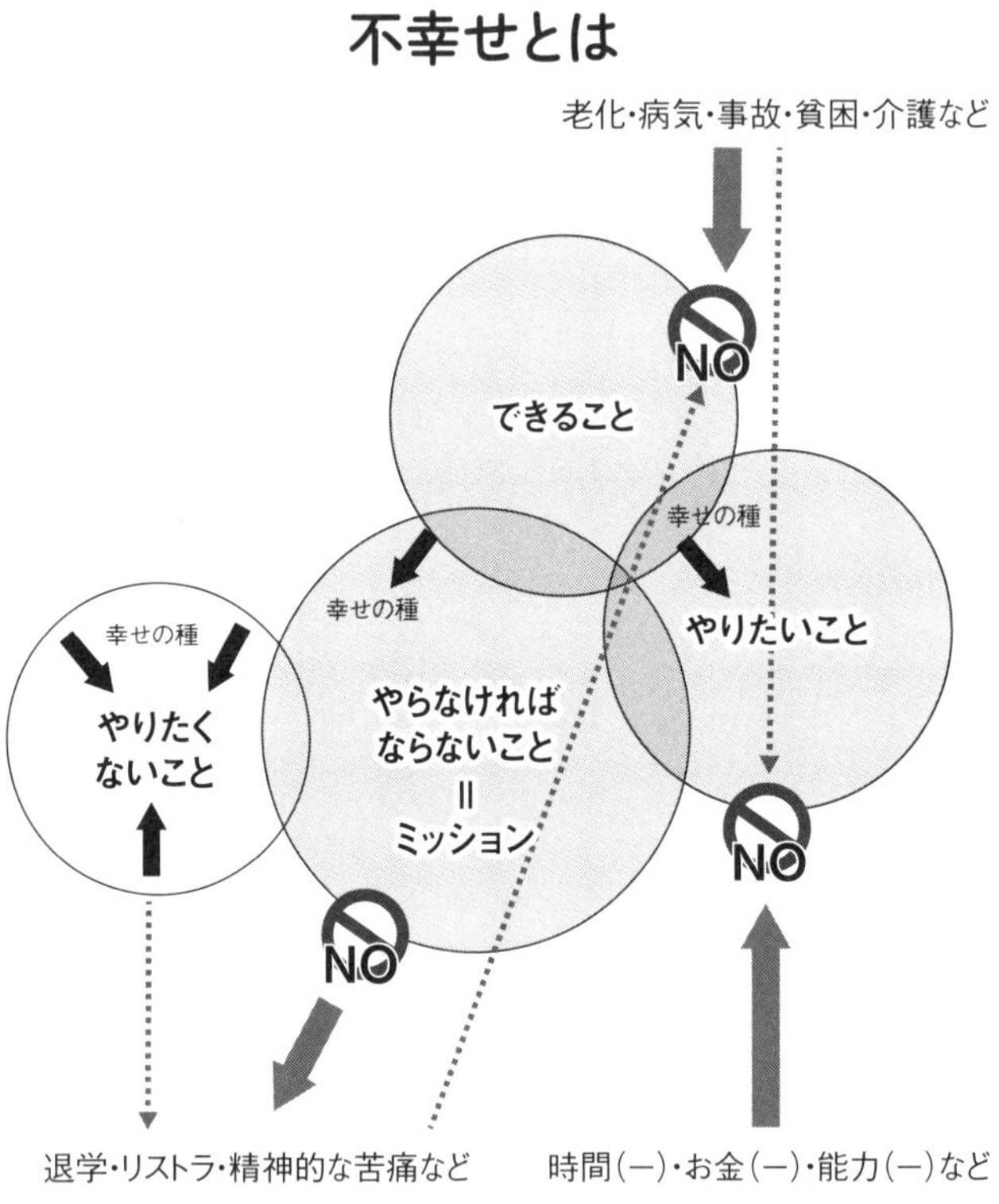

図３　不幸せとは

「できること」と「やらなければならないこと」と「やりたいこと」ができない状態が不幸せである。

く重なっていると言えます。

イギリスの哲学者ジェームズ・アレン氏は、「人間は、もし成功を願うならば、それ相当の自己犠牲を払わなくてはなりません。大きな成功を願うならば、大きな自己犠牲を、このうえなく大きな成功を願うならば、このうえなく大きな自己犠牲を払わなくてはならないのです。」と述べています（ジェームズ・アレン研究機構編「ジェームズ・アレンの自分を幸せに導く方法」［2012年］より引用）。

稲盛和夫氏は著書「人を生かす」の中で「成功を願うならば、遊んだり、趣味を楽しみたいといった、自分の欲望を犠牲にしなければならないのです。そのような自己犠牲は、ものごとを成功させていくための正当な代価として払わなければならないものなのです。」と述べています（稲盛和夫著「人を生かす」［日経ビジネス人文庫、2012年］より引用）。

二人の言葉に含蓄されているのは、「やりたいこと」を抑制しているのではなく、「やりたいこと」を実現するためには、今目の前の「やらなければならないこと」が重要であることを伝えたものであると思います。

やる気や覇気のまったくない、無気力で自堕落な人間から、人生や仕事に対して燃えるような情熱を抱き、懸命に努力を重ねる人間まで、個人差があります。どちらが「やりたいこと」を実現できるかは自明でしょう。すなわち、「やらなければならないこと」と「やりたいこと」の優先順位が重要なのです。その意味では、ワークライフバランスは、「やらなければならないこと」と「やりたいこと」のバランスで、その優先順位は人生の中の時間軸で考える必要があります。

最近、切れないパンナイフでストレスを抱えていたのですが、燕三条のパンナイフを買ったら、スパスパ切れて、幸せな気持ちになりました。そうか、「できないこと」ができるようになったときに 幸せ になることも実感しました。その意味では、「できないこと」はできるようになると 幸せ に変わる 幸せの種 であることにも気がつきます。「できないこと」を諦めるのではなく、「できること」に変えていく努力が必要なのです。

すなわち、幸せ とは、不幸せ の状況を回避し、「やらなければならないこと」をミッションとして捉え、「できること」の輪を広げ、「やりたいこと」を実現することなのです。さらに、ワークライフバランスを一生のスパンで考える、という考えに到達しました。

ご機嫌な人生を送るために必要な6つの大切なこと

「健康」「精神的健康」「筋力」「ストレッチ」「生き甲斐」「お金」の6つがご機嫌な人生を送るために必須の因子となる

私のご機嫌な人生を送るための10カ年計画の一端を紹介します。三つの「Life」に加え、「筋力」と「ストレッチ」も重要であると考えています。年齢に関わりなく、「健康」「精神的健康」「筋力」「ストレッチ」「生き甲斐」「お金」のバランスが重要だと思います（図4）。

１９４７年に採択された世界保健機関（World Health Organization：WHO）憲章では、前文において「健康とは、病気でないとか、弱っていないということではなく、肉体的にも、精神的にも、そして社会的にも、すべてが満たされた状態にあることをいいます。（日本ＷＨＯ協会訳）」と定義しています。

「健康」は肉体的健康と精神的健康に分けて考える必要があります。本稿では、「健康」

＝肉体的健康と考えて頂きたい。社会的健康は他の構成要素（「筋力」「ストレッチ」「生き甲斐」「お金」）で代償できると考えます。

「健康」の切り札は糖質制限と毎朝３㎞のランニングです。トラッカーで「健康」を科学的データで検証することができるようになり、睡眠の質についてもこだわっています。

「精神的健康」はアドラー心理学で解決することができます。「筋トレ」の切り札は脚のエクササイズプログラム、ブートキャンプ腹筋プログラム、腕立て伏せです。全身の筋肉をバランス良く鍛えることが重要であると思います。

「ストレッチ」では、股関節に重点を置き開脚ベターを目指しています。効果的な股関節ストレッチ法だけでもユーチューブで様々なコンテンツが利用できますので、自分の好きなユーチューバーを見つけてストレッチをしていますが、体の硬さは人によって千差万別。自分の弱点を見つけ、自分の体にあったストレッチ法を見つけることが重要です。

「生き甲斐」は人生の目的です。仕事を「生き甲斐」にすることができれば、「生き甲斐」と「お金」を同時に手に入れることができます。２０１５年ＮＨＫ「連続テレビ小説」『あさが来た』のヒロインのモデルとなった広岡浅子氏は、「自分のやりたいことを求めるの

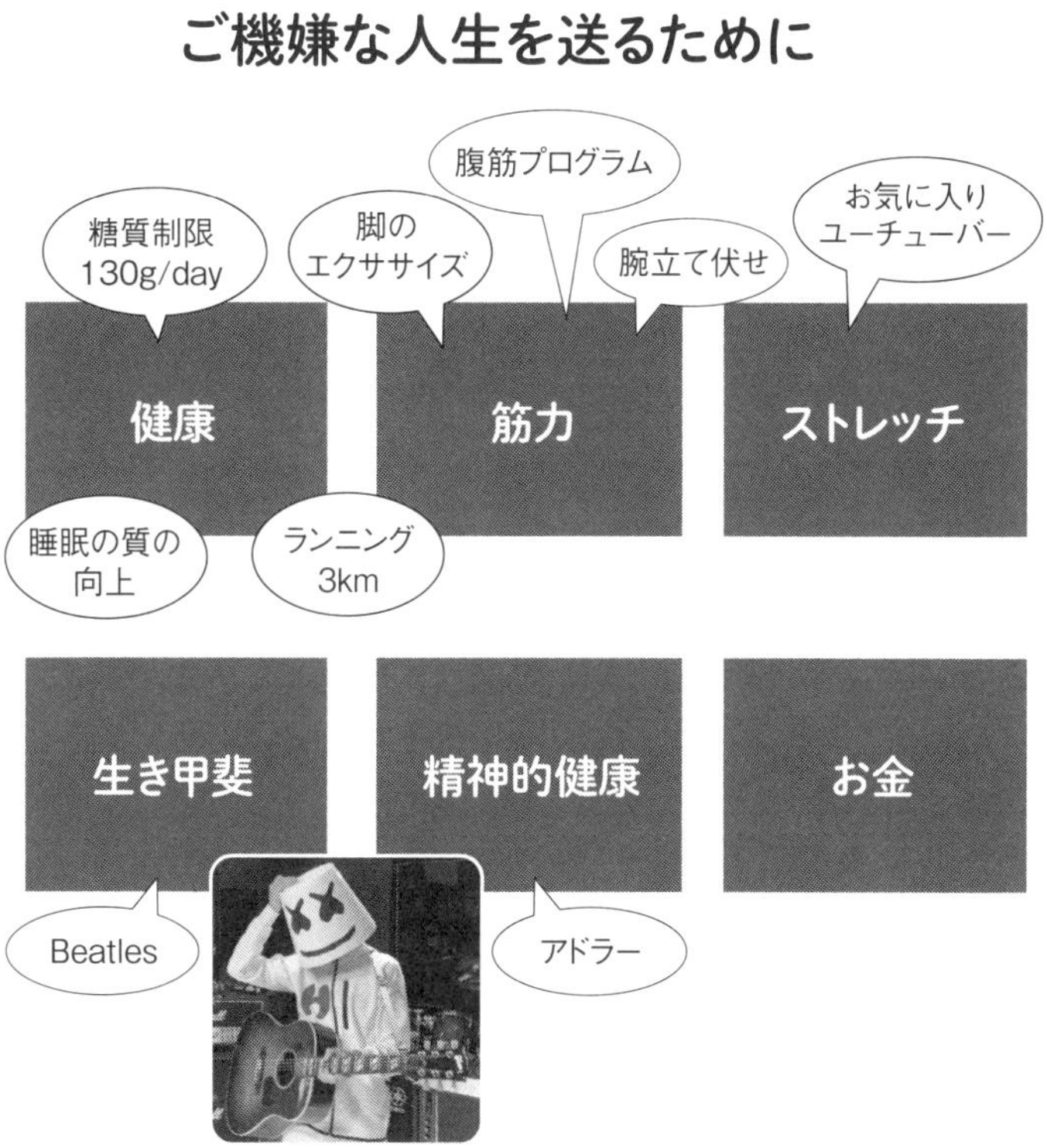

図４　ご機嫌な人生を送るために

「健康」「精神的健康」「筋力」「ストレッチ」「生き甲斐」「お金」の６つがご機嫌な人生を送るために必須の因子となる。

ではなく、自分の能力を社会のために還元することを考えなさい」と述べています。与えられた環境の中で、自分の能力を社会のために活かすには何をすべきか考えることで、自分のミッションを見つけることができるようになります。

「お金」については、自分の収入を消費、浪費、投資の観点でマネージメントすることが重要になります。「サピエンス全史」を読んで衝撃を受けています。社会的な差異の形成には、もちろん生まれつきの能力の違いも関係していますが、能力や多様性はたいてい、想像上のヒエラルキー（ホモ・サピエンスだけがつくりあげることができた社会のしくみ）の影響を受けます（ユヴァル・ノア・ハラリ著・柴田裕之訳「サピエンス全史　文明の構造と人類の幸福」［河出書房新社、２０１６年］より引用）。

人がある才能を持って生まれても、その才能を育て、研ぎ澄まし、訓練してやらなければ発揮されない。と経済的な影響力に言及しており、「お金」の大切さを示しています。いずれにしろ、「健康」「精神的健康」「筋力」「ストレッチ」「生き甲斐」「お金」の６つがご機嫌な人生を送るために必須の因子となります。

6つの大切なこと
その1
「健康」

健康について① 腸内細菌・食事・寿命との関係

脂質異常症、糖尿病、高血圧症などの生活習慣病にならないことに留意する

長寿地域の一つである京丹後市と都市部の京都市の年齢と性別をマッチさせた51名の被験者を比較したところ京都府の地方都市と都市部では腸内細菌叢《そう》に有意な差があることが示唆されました（Yuji Naito et al., J Clin Biochem Nutr 65(2): 125-131, 2019）。

内藤裕二教授（京都府立医科大学）によると、食習慣や生活環境の変化、運動習慣の有無など、様々な環境の変化で腸内細菌が増えたり減ったりして、人生の間で腸内細菌のバランスが変わっていくというのです。腸内細菌のバランスを整えるのも長寿に重要な役割を担っているのです。

腸内細菌のバランスも健康に重要ですが、腸内細菌叢は食べるものの影響を受けることは想像に難くないと思います。ということは、食べるものを工夫すれば、腸内細菌のバランスを整え、長寿を期待できることになります。糖質制限を始めてから、腸内細菌叢が変

化したようで、規則的だった腸の活動に変化が見られたのが気になっていました。

ところが、毎朝375グラムのヨーグルトを半分食べるようになってから、腸が活動的になり便の調子が大変良くなりました。ヨーグルトは自分の腸に合うマイ乳酸菌を見つける必要があるようですが、たまたまか相性は良いようです。日本人の腸内細菌叢を詳細に評価し、生活習慣や各種疾病との相関を明らかにすることができれば、腸内細菌叢から健康状態をチェックできるようになるでしょう。

それでは、食べるものを工夫するのにはどうしたらよいのでしょうか。栄養バランスが重要だと言われていますが、多くの人は皮下や内臓に脂肪を貯め込んでいるので、巷で言われる炭水化物、タンパク質、脂肪の割合は再考が必要であると思います。

糖質を制限して、カロリーの不足をタンパク質で補充するのが、体の脂肪の有効利用に繋がります。糖質制限とランニングで体重が7～8kg減少し、ウエストが引き締まったのですが、脇腹には未だ余剰な脂肪を蓄えています。まだまだ脂肪の余力はあるようですが、この辺が「楽をせず無理をしない」落とし所かもしれません。

健康な食生活については、岡田正彦名誉教授（新潟大学）の「ほどほど養生訓」（岡田正彦著［日本評論社、２００７年］）が参考になります。野菜と果物に含まれる抗酸化物ががんの予防に有効なので、私は毎日野菜をお茶碗より大きめのカップ一杯とリンゴ一個を食べるようにしており、その他の果物も意識的に取るようにしています。

塩分摂取量が増えるにつれ、胃がんによる死亡率が上がり、高血圧を引き起こします。食品で血圧を下げるポイントは、塩分を可能な限り減らすこととカリウムとカルシウムを多く摂ることです。まずは、醤油、ソース、ドレッシングの量は意識的に少なくする必要があります。ドレッシングは、抗酸化作用のあるゴマ入りが推奨されます。また、カリウムを多く含む わかめ、味付けのり、まいたけ を食べるように努めており、わかめスープとまいたけスープを好んで飲んでいます。効果と自分の嗜好を考えながら食材選びをすると、楽しく健康が維持できます。

２０２１年のデータによると、日本人の死因は 悪性新生物（がん）26・5％、心疾患14・5％、老衰10・6％が上位３位で、全体の半分以上を占めています。第４位脳血管疾患７・３％、第５位肺炎５・１％、第６位誤嚥性肺炎３・４％、第７位不慮の事故２・７％、第８位腎不全２・０％、第９位アルツハイマー病１・６％と続きます。

第2位の心疾患である心筋梗塞とは、心臓に栄養を運ぶ冠状動脈にコレステロールがたまり、詰まってしまった状態です。コレステロール値（特にLDLコレステロール値）が高い体質の人は、心筋梗塞を起こしやすいので、LDLコレステロール値に注意が必要です。第4位の脳血管疾患である脳卒中は血管が詰まって起こる脳梗塞と、血管が破れて起こる脳出血がありますが、高血圧が原因です。眼底の血管は、血糖値が高いと出血が起こります（眼底出血）。

第1位のがん細胞が血液中に流れ出て、血管の壁にくっつき、先々で増殖を始めるのが転移です。このように、血管の病気が死因に大きく影響しているのです。健康のためには、脂質異常症、糖尿病、高血圧症などの生活習慣病にならないことに留意する必要がありますが、生活習慣病は予防可能な病気なのです。

いつも甘いものを食べている、塩分を摂りすぎている、タバコを吸っている、運動をしない、ストレスをためているなどが、病気を起こす生活習慣として知られています。病気予防のためには、糖質制限、減塩、禁煙、運動、ストレスフルな環境をつくらないことが重要なのです。

健康について② お口の健康

歯科治療のパラドックス：歯の治療を繰り返すと歯の寿命を縮める

顔は、栄養と酸素を取り入れる消化器と呼吸器の入り口であり、また、触る・嗅ぐ・見る・味わう・聞く、すなわち皮膚感覚とともに嗅覚・視覚・味覚・聴覚・平衡覚というすべての感覚器を備え、様々な情報を認識する場所です。

さらに、喜怒哀楽などの精神状態や紅潮した顔、顔色が悪いなどの健康状態が顔に表れ、特に人では高度な社会生活を営むために表情をコミュニケーションの手段としても利用しています。

このように、表情は三つの「Life」である生命、生活、人生と密接に関わっているのです。顔の表情は脳の最高中枢である大脳皮質が口やのどを含めた顔の領域の感覚刺激を受け、顔の筋肉運動に指令を出すことで生まれます。これらは全一般体性感覚・運動領域の3分の1を占めるほどで、顔を使うことは脳を活性化していると言えます。

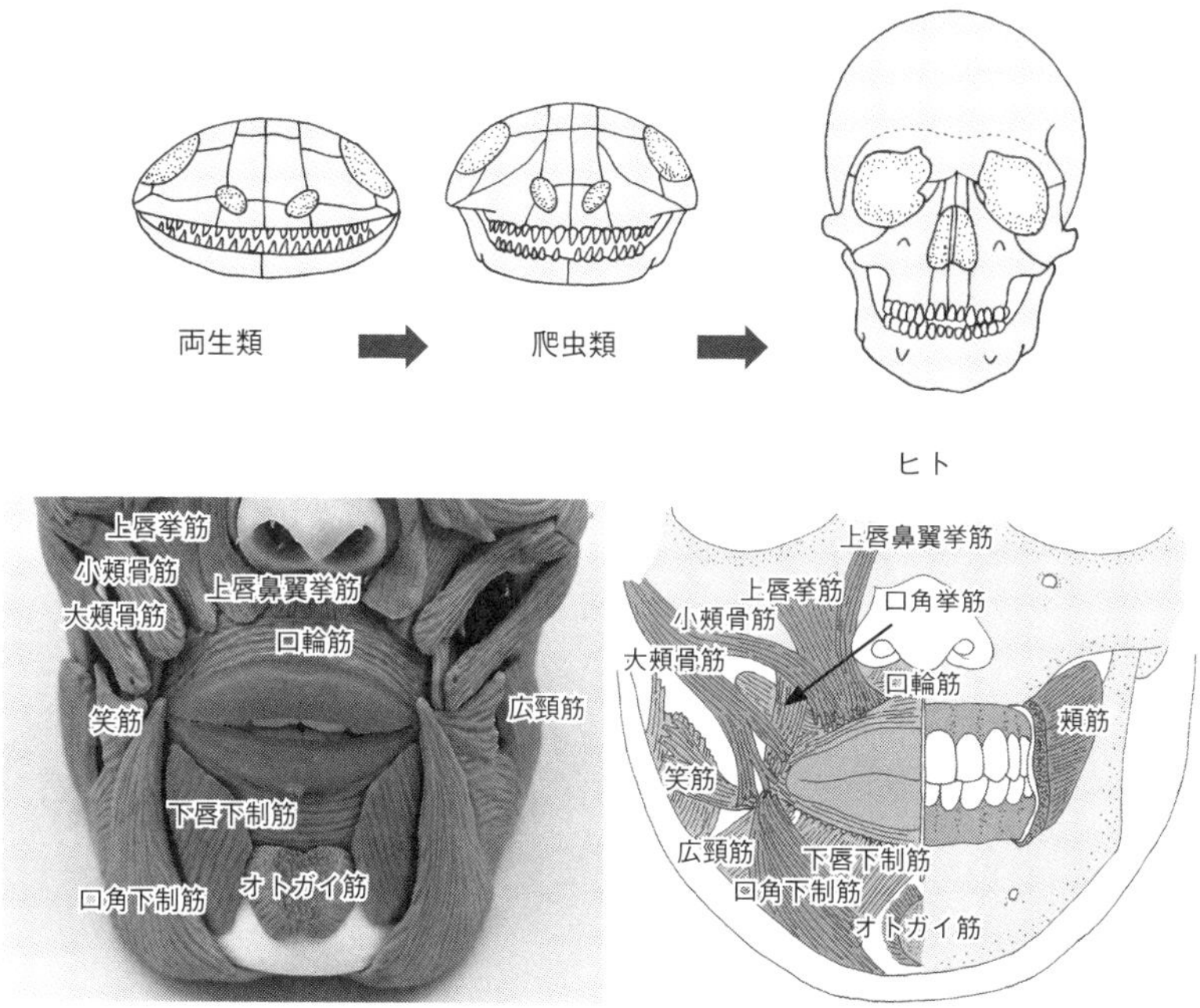

図5　進化過程における顔の骨格の変化と口の周囲の表情筋
（大島勇人「口腔の筋肉のしくみとはたらき～臨床に活かす解剖学アトラス～」デンタルハイジーンVol.40 No.7～8を改変）

両生類や爬虫類はエサを丸呑みしていたが、ヒトを含めた哺乳類になると、口の周囲の表情が発達する。左下の写真は、産学連携プロジェクトで開発した表情筋・咀嚼筋モデル（J-01医学モデル工業http://www.mmi-co.jp）

進化過程における頭骨の変化の図は三木成夫著「生命形態学序説－根原現象とメタモルフォーゼ」（うぶすな書院、1992年）の巻末図15を参考に著者がイラスト作成両生類や爬虫類は歯が尖っていて噛み砕くことができず、また鼻の中と口の中を分離する口蓋が未発達のためエサを丸呑みしています。一方、われわれ哺乳類には赤ちゃんを乳で育てるという特徴があり、乳は頰っぺたと口によって口腔を密閉すると吸いやすいため口の周りには多くの筋があります（図5）。

人の口の周囲にある筋には、口唇をつくる筋肉である口輪筋、口唇を動かす多くの筋肉、頰っぺたをつくる筋肉である頰筋があり、哺乳類の進化の過程で獲得したものです。赤ちゃんは、口に乳首を含んで舌と口蓋に押しつけて、頰をすぼめて口の中を陰圧にして母乳を飲みます。そして離乳後は食べたものを口の中で細かく噛み砕き、唾液と混ぜて粥状にする咀嚼を行いますが、この時食べたものを舌と頰っぺたで上手に歯の上に乗せていて、頰筋は収縮しています。

つまり、顔の筋肉（表情筋）は口を取り囲む壁をつくり、食べることに重要な役割を担い、本来生きていくためにとても大切な役割をしている筋肉なのです。そのほかにも表情筋は口に入れたものをこぼさないようにしたり、風船を膨らませたりするときにも同じように働いています。また、言葉を発するときに口唇の形が様々に変化するのも、口の周り

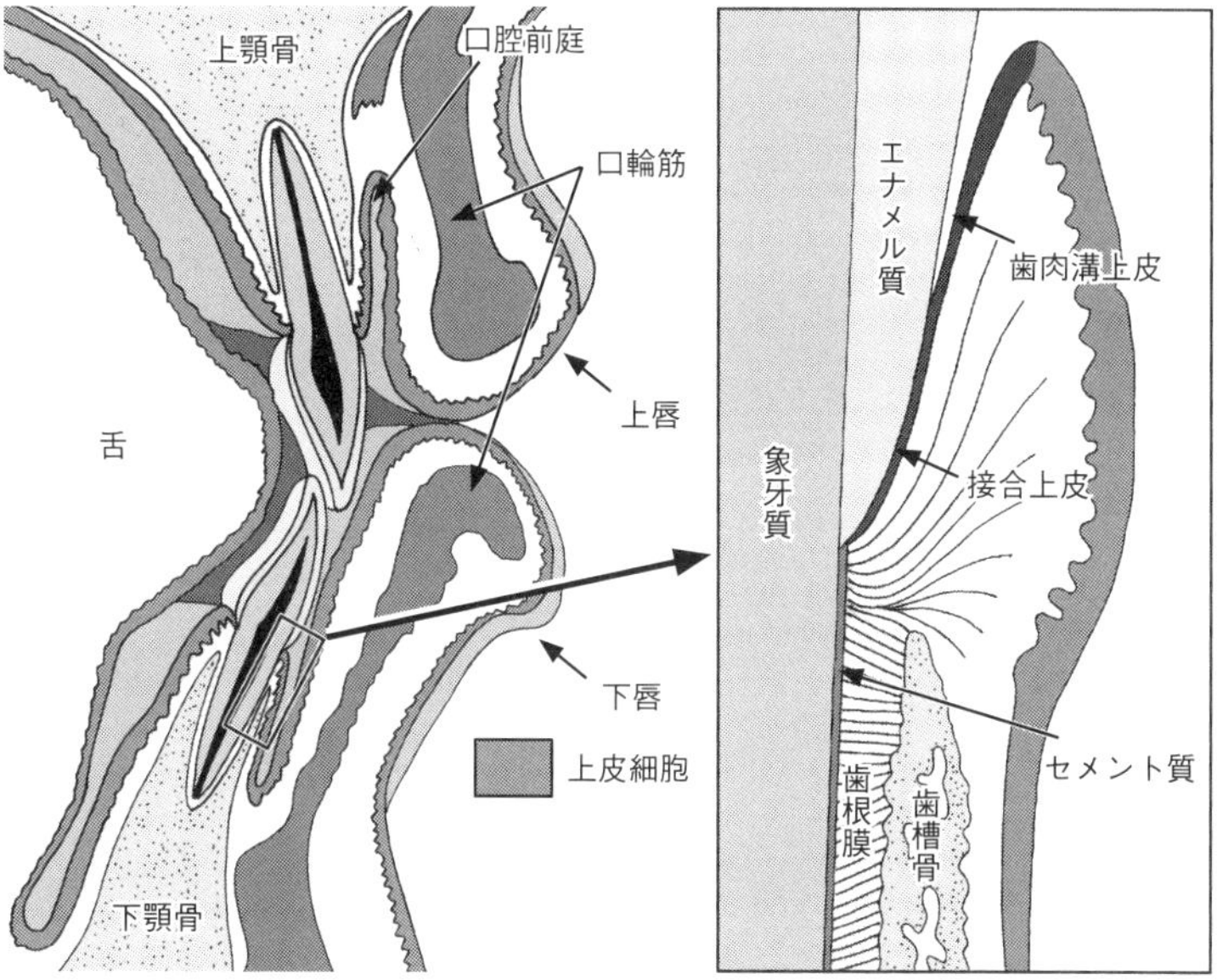

図６　歯の表面と歯周組織の境界部
（大島勇人「口腔の筋肉のしくみとはたらき～臨床に活かす解剖学アトラス～」デンタルハイジーンVol.40 No.11を改変）

皮膚から口腔内の粘膜にわたり、体の表面は上皮細胞で覆われており、唯一、歯の表面（エナメル質）は上皮細胞の連続性が欠如している。

左図はRJ Radlanski・KH Wesker著「The Face: Pictorial Atlas of Clinical Anatomy」（Quintessence、2012年）のp.283を参考に著者がイラスト作成

に多くの表情筋が付着しているからです。

私たちの体は細胞という単位から成り立っています。細胞は体の中で集まり一定の配列や形態をとる集団、すなわち組織をつくり、組織はその細胞と細胞がつくった細胞外マトリックスすなわち細胞間質によって構成されています。体の自由表面を覆う膜状の細胞の集団を上皮または上皮組織、上皮以外の組織を間葉と呼び、間葉は支持組織、広義の結合組織とほぼ同義です。

私たちの体は、上皮と間葉で構成されていると言えます。上皮の働きは場所によって様々ですが、基本的には体の表面を覆って保護することです。つまり、上皮組織の連続性が外界から体の内部環境を遮断しているのです。

ところが、口の中に露出している歯の表面は上皮の細胞間質であるエナメル質でかろうじて連続性が保たれていますが、体の中で唯一、上皮細胞の連続性が途絶えています（図6）。歯の表面と歯周組織との境界部における上皮細胞の連続性の欠如は、体の弱点となり、歯周病の原因となっているのです。この境界部の歯ぐき（歯肉）は特に接合上皮と呼ばれ、口の中の常在菌すなわちパラサイトと体すなわちホストの防御細胞とが相互作用する生体防御最前線なのです。

写真（図７）は私の口腔内です。①〜⑫の歯は前歯（切歯と犬歯）で笑ったときに見える歯ですが、この中に１本だけ人工の歯があるのですが分かるでしょうか?

答えは②（右上側切歯）です。この歯は長い歴史をもっています。

10歳の頃、私は虫歯を放置して、この歯が抜髄（神経を取ること）されるという最初の過ちを犯しました。それが原因で歯が変色することになります。20歳の頃、歯の変色で再度根治（根の治療）され、歯の漂白をしたのが第二の過ちです。再度の治療で歯の強度が喪失することになります。40歳の頃、根っこの先に膿ができ再治療を受けたのが第３の過ちです。その時、症状は治まったのですが、担当医は歯の破折に気づきませんでした。50歳の頃、再度根っこの先に膿ができたので再治療を受けたのが第４の過ちです。難症例が原因で歯に穴をあけてしまう（穿孔）トラブルが発生したのです。52歳の頃、破折と穿孔を抱えたまま最終治療を行って今に至ります。

歯科医師は、その時々に歯にとって最善の治療をしようとベストを尽くしているのですが、再治療を繰り返し、歯の寿命を短くしているのです。治療をしないのがベストですが、

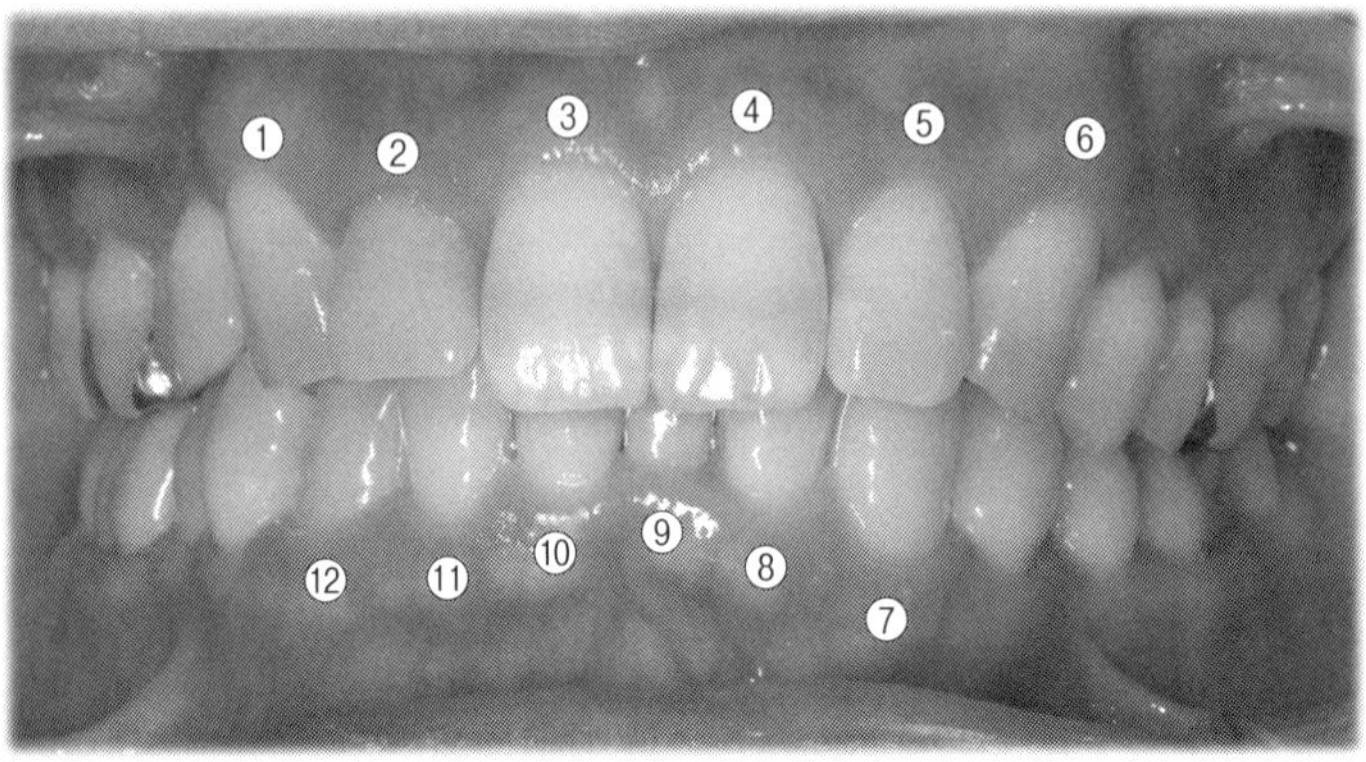

・10歳の頃：虫歯で抜髄（最初の誤り：虫歯を放置したこと→歯の変色）
・20歳の頃：歯の着色で再根治・漂白（第二の誤り：歯の強度の喪失）
・40歳の頃：根尖病巣・再治療（第三の誤り：歯の破折に気づかず）
・50歳の頃：根尖病巣・再治療（第四の誤り：難症例→穿孔）
・52歳の頃：破折と穿孔を抱えたままジルコニアで歯冠修復

図７　口腔内写真
（大島勇人「口腔の筋肉のしくみとはたらき～臨床に活かす解剖学アトラス～」デンタルハイジーンVol.40 No.11を改変）

①～⑫の歯は前歯（切歯と犬歯）ですが、この中に１本だけ人工の歯があるのですが分かるでしょうか？

治療せざるを得ない場合は、再治療しない方略がベストなのでしょう。とはいえ、この歯は未だ健在で、私の寿命と同じように人生を全うするのかもしれません。それでは、お口の健康を守る方略を説明します。

私の右上側切歯の歴史は歯科治療のパラドックス、すなわち「歯の治療を繰り返すと歯の寿命を縮める」という事実を示しています。医療といえども人間が行う行為にはリスクがつきまといます。それでは、治療しないためにはどうしたら良いかという話になります。

3年前に新車を購入してから、1～2週間に1回洗車する習慣ができました。すると、基本あまり汚れないので、細かい所まで目が行き届きます。口の中の清掃も同じで、食後3回を（できるだけ）完璧に歯ブラシする習慣を身につけることが肝要です。私は、電動歯ブラシ、歯間ブラシ、デンタルフロスの併用です。

定期的な口の中の精密検査も必要です。染め出し液で磨けていない箇所を明示するのです。歯を磨いていないという人はあまりいないと思いますが、完璧に歯が磨けている人もいないのが現実です。歯科の世界では、8割磨けていれば合格点を与えますが、磨けていない所は歯周病が発症するリスクを抱えることになります。

私も過去に一度歯ブラシで100点満点を取ったことがありますが、93～97点の間を推移しています。私は歯科医師ですが、プロが意識しても完璧に磨くのは難しいのです。歯医者さんが「よく磨けていますね」というのは8割を基準にしていることを知る必要があります。

歯と歯肉の間には歯周ポケットという溝があります。健康な歯周ポケットは3㎜以下ですが、病的になると4㎜以上になります。探針という細い棒状の器具で深さを測るのですが、歯肉に炎症があると検査時に出血します。また、病的な歯は歯がグラグラするようになります。これが動揺度で、1㎜以上の動揺は病的とされます。

歯ブラシのチェックと口の中の検査を定期的に行い、健康な状態を保つのが基本なので、しっかり管理してくれる歯科医院を探しましょう。治療をしていない歯の数をできるだけ多く残し、それを維持することが重要なのです。これ以上の話は本題から離れるので、口の健康の話はこの辺で終わりにしたいと思います。

健康について③　睡眠の質を考える

睡眠の時間と質には客観的な評価が必要である

最高の睡眠とは、脳・体・精神を最高のコンディションに整える、究極的に質が高まった睡眠です。西野精治教授（スタンフォード大学）によると、睡眠の質は眠り始めの90分で決まる（睡眠の法則）、ということです（西野精治著「スタンフォード式最高の睡眠」［サンマーク出版、2017年］より引用）。

睡眠時間は、最低でも6時間以上眠るのがベストです。岡田正彦名誉教授（新潟大学）によると、7時間の睡眠を取っている人が長生きをしているといいます（岡田正彦著「ほどほど養生訓」［日本評論社、2007年］より引用）。

ここで注意しないといけないのは、自分が思っている睡眠時間と実際の睡眠時間にはズレがあるということです。トラッカーでモニターすると、1時間近くの覚醒時間があることに驚きます。睡眠の質の評価には客観的な指標が必要なのです。私の覚醒時間を除いた睡眠時間は6時間を割るので、あと1時間は増やしたいところです。

日中は交感神経が優位ですが、ノンレム睡眠中と食後は、副交感神経が優位になります。ここでも自律神経のバランスが重要になります。睡眠が不適切になると、ホルモンバランスが崩れ、免疫の働きもおかしくなります。大量のアルコールは睡眠の質を下げますが、度数が強くても量が少なければその心配はありません。

30分未満の昼寝をする人は、昼寝の習慣がない人に比べて、認知症発症率が約7分の1になるといいます（西野精治著「スタンフォード式最高の睡眠」［サンマーク出版、２０１７年］より引用）。私が習慣にしている15分の昼寝は午後の睡魔の発生を抑え、仕事の効率が良くなるので、是非試してほしいと思います。

地球上の生物はすべて、昼夜のリズムに適応した体内時計（生物時計）をもっています。およそ24時間を周期とする生体リズムをサーカディアンリズム（概日《がいじつ》リズム）といいますが、太陽の光線や生活習慣が概日リズムを調整しています。人間の体内時計は24時間より長いので、海外旅行に行ったときに発症する時差ボケは（一日の時間が長くなる）西への飛行より（一日の時間が短くなる）東への飛行のときに症状が強く出やすくなります。一日の時間が長くなる方が体内時計は調整しやすいからです。

就寝時間が不規則だと体内時計のリズムが狂うことになるので、ベッドに入る時間を規則正しくするのが睡眠の質向上の基本です。また、副交感神経優位の状態をつくることも睡眠の質向上に重要です。西野教授によると、寝る90分前にお風呂に入ると、体温が上がり、その反動でお風呂から出た後徐々に体温が下がり、90分後に最低になり、就寝のタイミングがベストな状態になるといいます。

パソコンやスマホの画面に使われているＬＥＤはブルーライトを含むことが知られていますが、坪田一男名誉教授（慶応大学）によると、眼球の明暗と色を感じる網膜にあるガングリオン細胞はこのブルーライトを認識することが明らかになっています（坪田一男著「ブルーライト　体内時計への脅威」［集英社新書、２０１３年］より引用）。

ＬＥＤの光の下では、脳は昼と感じてサーカディアンリズムへ影響するというのです。夜ＬＥＤのブルーライトを発するパソコンやスマホの画面を見ているとなかなか寝付けなくなるのは、視床下部が昼だと感じて興奮するからです。就寝2時間前にはスマホの画面を見ないかブルーライトカットの眼鏡をすることが推奨されます。

【健康の実証実験】健康の切り札：糖質制限

糖質制限は、中性脂肪を減少し、HDLコレステロールを増加し、内臓脂肪を減少する

私は脂質異常症（中性脂肪の値が高い、HDLコレステロール値が低い、LDLコレステロール値が高い状態）で薬を服用していました。食事療法もやってはみましたがうまくいかず、美味しいものを食べて薬で脂質をコントロールするのが人生を楽しく送る方略だと結論を出していました。一病息災という言葉があるように、病気とうまく付き合いながら生きていくことです。

しかし、どんな薬にも副作用はあり、薬は飲まないのに越したことはありません。そんな折、糖質制限との邂逅を経験します。江部康二氏の書籍を読み、糖質の多い食品を抜き、その分だけタンパク質と脂質を増やすというのが糖質制限であることを知ります（江部康二著「江部康二の糖質制限革命　医療、健康、食、そして社会のパラダイムシフト」〔東

図8　糖質制限食の一例

低糖質パン（糖質約10g）にレタス、マカロニサラダ、ミニトマト、ソーセージ、ハム、リンゴ、ヨーグルト、全自動コーヒーマシンで淹れたコーヒー

洋経済新聞社、２０１７年」より引用）。糖質制限食とは、一日糖質量１３０g以内の食事です（図8）。

食事の血糖値上昇がない唯一の食事療法が糖質制限食で、糖質制限食実践で、中性脂肪が減少し、ＨＤＬコレステロールが増加するとのことでした。糖質制限の利点は、①体に蓄えられた脂肪が使いやすくなり余分な脂肪が減少すること、②肥満ホルモンであるインスリン（血糖値を下げるホルモン）の分泌が少なくなること、③肝臓の糖新生を促しカロリー消費が増加すること、の3点です。

食後の高血糖が動脈硬化の原因であり、

糖尿病の合併症にとって最大のリスクとなります。三大合併症と呼ばれる網膜症、腎症、神経障害は、高血糖により細い血管がダメになって起こり、脳梗塞や心筋梗塞は脳や心臓の大きな血管が高血糖により傷害されて血流を失うことで起こります。

すなわち、糖質制限は糖尿病の発症だけでなく、糖尿病による合併症も予防することになるのです。認知症であるアルツハイマー病も高血糖と高インスリン血症により起こりやすくなることや体内のインスリン濃度が高くなるとがんの進行や死亡率が高まるという報告もあります。

考えるよりは実践、糖質制限を開始したら、2ヶ月で6kg体重が減りました。どこかのCMのようですが、結果にコミットするのが糖質制限です。特に内臓脂肪の減少を実感し、お腹回りが引き締まることになります。さらに、脂質異常症薬の服用をやめても、中性脂肪が減少し、HDLコレステロールが増加しました。

すなわち、薬なしに脂質をコントロールすることが可能になったのです。但し、その後人間ドックで、LDL値が高い状態が続いたので、現在は薬を再開したのが顛末なのですが、糖質制限はLDL値の減少には直接寄与しないということも分かりました。

現在は、低糖質パン１枚（糖質約10ｇ）とお茶碗半分のご飯（糖質約30ｇ）を基本に、大好きな納豆を昼と晩に食べ、外食時は制限をかけない「なんちゃって」糖質制限を実施しています。現在、糖質制限が体の健康の切り札となっているのは間違いのない事実です。

ランニングの効用

ランニングは、心臓のパフォーマンスを上げる

私の健康のもう一つの切り札がランニングです。最近、27万人の参加者（平均70・５歳）を平均12・４年追跡調査した長生きするためのベストの運動に関するコホート研究の結果、１位がラケットスポーツ、２位ランニング、３位ウォーキングの順で死亡リスクが減るという報告がなされました（Eleanor L Watts et al. Association of Leisure Time Physical Activity Types and Risks of All-Cause, Cardiovascular, and Cancer Mortality Among Older Adults. JAMA Netw Open 5(8): e2228510, 2022.）。

異なる活動タイプによる同等の体活動量への参加が死亡リスクと関係するかどうかを調

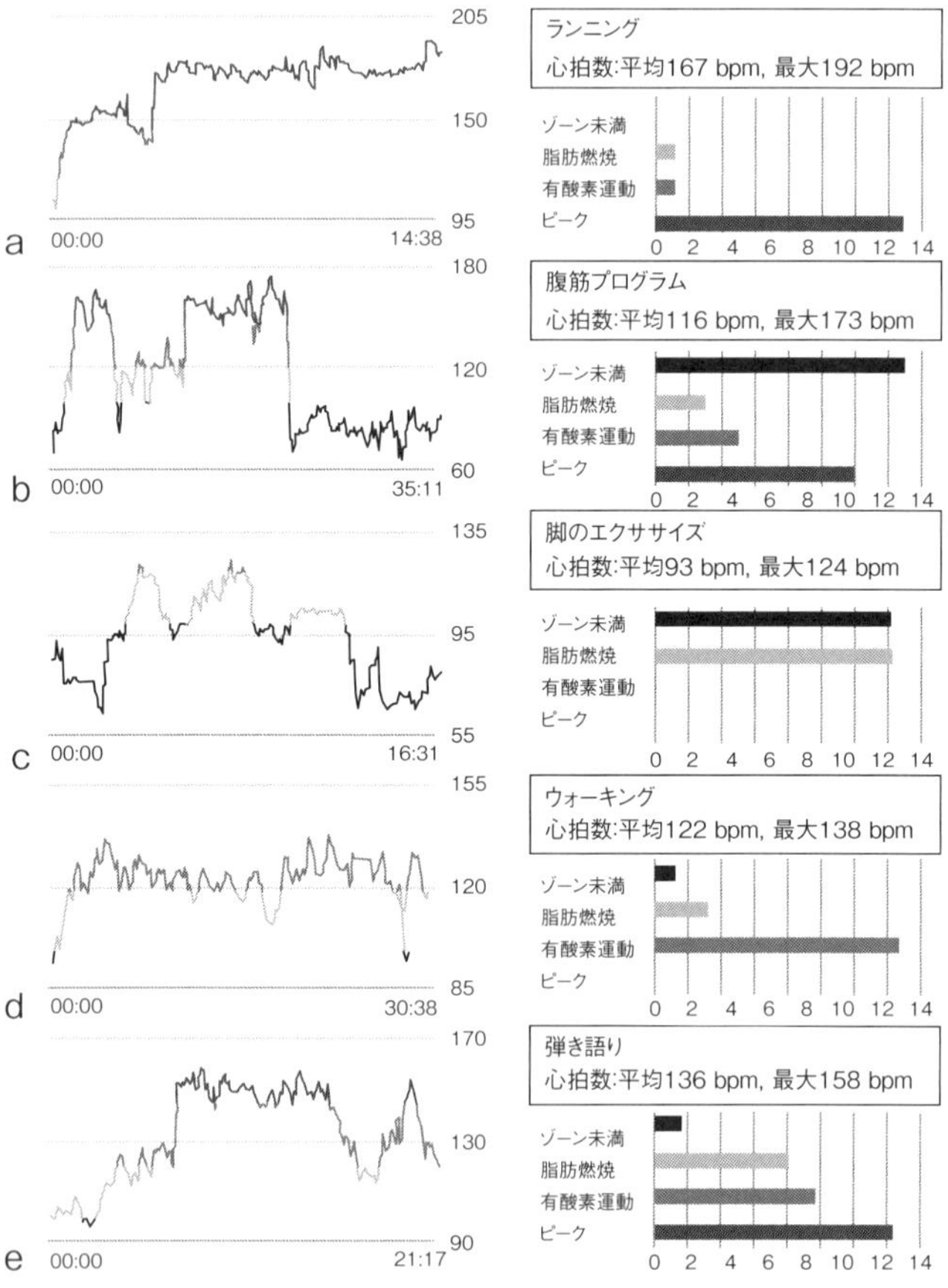

図9　各種運動時の心拍数の変化（トラッカーアプリの画面を編集）

ランニング時の心拍数は最大190bpmを超えるが（a)、ブートキャンプ腹筋プログラム（b）や脚のエクササイズプログラム（c）ではランニングほどの最大心拍数を得ることができない。ウォーキングの場合は、１kmを10分（100mを１分）ペースで最大心拍数は120bpmを超える（d)。アップテンポの曲をギターで弾きながら歌うと最大心拍数が150bpmを超える（e)。

べた研究です。テニスやバトミントンのようなラケットスポーツは一人ではできないので、ランニングやウォーキングは手軽な長生きするための運動であると言えます。ランニングでは、ウォーキングの数倍の重力が骨にかかるので、メカニカルストレスにより骨を活性化するという効果も期待できます。さらに、ランニングには心臓のパフォーマンスを上げる効果もあります。

コロナ禍で、月曜日～金曜日の毎朝３km（約15分）をランニングするようになりました。アメリカ心臓協会とＷＨＯは１週間あたり１５０分間の適度のアクティビティ、もしくは75分間の激しいアクティビティを推奨しています。ランニング時の心拍数は最大１９０ｂｐｍを超えます（図９ａ）。年齢とともに最大心拍数は低くなります。心拍数は車でいえば排気量のようなものなので、最大心拍数が大きいほど高いパフォーマンスの心臓ということになります。

ブートキャンプ腹筋プログラム（図９ｂ）や脚のエクササイズプログラム（図９ｃ）ではランニングほどの最大心拍数を得ることができないので、ランニングでしか得られない効用があるようです。走り始めは、徐々に心拍数が上がっていきますが、心拍数が低い状態は走っていて苦しい時間帯です。それは、心拍数が上がりきらず全身への酸素供給が不十分なためなのでしょう。

加齢とともに最大心拍数が低下してくると、酸素供給量が不足し、苦しくて走ることができなくなります。最大心拍数を高い状態に保つことは、アンチエイジングに重要なことです。当然ながら、ランニングは脚の筋肉トレーニングになっています。ランニングにより、腹回りがさらに引き締まることになりました。

ウォーキングでも、早歩きにすると有酸素運動になります。1㎞を10分（100mを1分）ペースで最大心拍数は120bpmを超えます（図9d）。ランニングすることが難しければ、ジョギングでもよいし、ウォーキングなら有酸素運動になるように努めるのが良いでしょう。

興味深いことにアップテンポの曲をギターを弾きながら歌うと心拍数が150bpmを超えます。図9eは、ジョン・レノンのイマジン、ビートルズの 恋に落ちたら、恋を抱きしめよう、オール・マイ・ラヴィング3回、ジェームス・テイラーの 君の友達 を弾き語りしたときの心拍数の変化です。恋を抱きしめよう や オール・マイ・ラヴィングのようなテンションの高いアップテンポの曲で、ウォーキングよりも効率的なエクササイズになっているのは興味深い事実です。

元ビートルズのポール・マッカートニーが80歳を越えても未だにライブパフォーマンスを披露しているのは驚きですが、健康でいられるのはライブで体を鍛えている賜物であるようです。ある人が、早朝に私がランニングをしているのを目撃し、「ランニングすると は元気だね」と驚いていましたが、そうではなくて、「ランニングしているから元気」なのです。

科学的に自分を分析する

深酒をすると睡眠の質が極めて悪くなる

科学的に自分を分析することは、健康の維持に極めて重要です。トラッカーを使用するようになって健康に対する認識は一変することになります。トラッカーは歩数、歩行距離、カロリー消費、睡眠の状態、心拍数、呼吸数、心拍変動、皮膚温、血中酸素ウェルネス等をモニターしています。

睡眠状態は、目覚めた状態・レム睡眠・浅い睡眠・深い睡眠に分かれて記録されますが、覚醒時間が1時間を超えることもあり、6時間睡眠を取っていると思っていましたが、5時間しか睡眠を取っていないことが分かりました。寝る時間を1時間早める習慣に繋がりました。

また、深酒をすると睡眠の質が極めて悪くなることも分かりました。図10は理想的な睡眠状態を示します。睡眠中の心拍数が97％安静時の心拍数以下（平均51ｂｐｍ）に保たれており、推定酸素変動量が低い状態で安定しています。さらに、レム睡眠と深い睡眠時間が十分取れており、西野教授の言う究極的に質が高まった睡眠が達成されているのが分かります。これに対して、深酒をした晩を見てみましょう（図11）。今度は反対に97％が安静時心拍数以上（平均64ｂｐｍ）であり、推定酸素変動量が大きく、レム睡眠と深い睡眠時間は短くなっています。

このようなデータを見てしまうと、深酒を控えようという気持ちになり、毎週末の深酒の習慣には終止符を打ちました。但し、1～2杯のお酒は睡眠の質には影響しないばかり

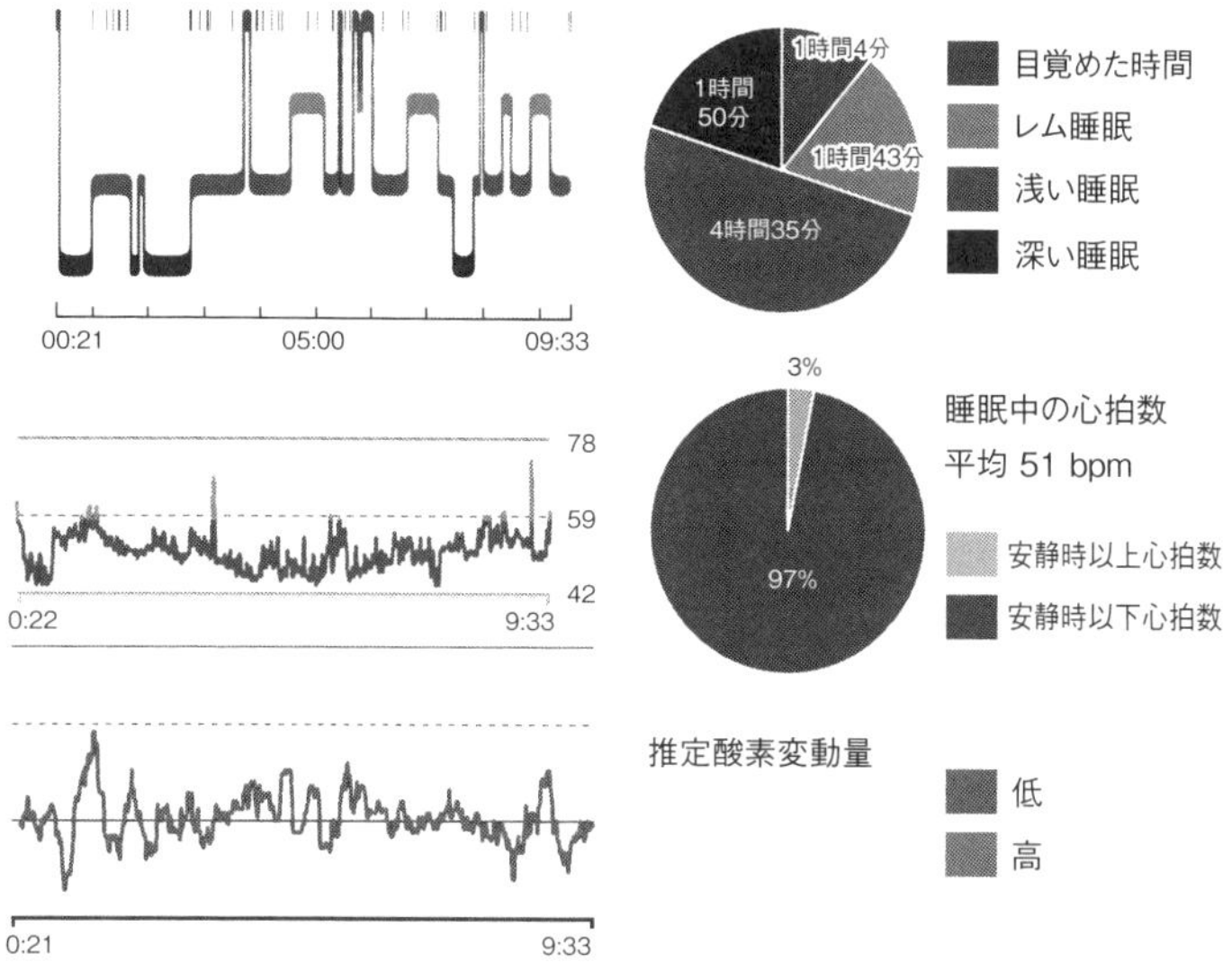

図10　理想的な睡眠状態（トラッカーアプリの画面を編集）

理想的な睡眠では、心拍数が97%安静時の心拍数以下（平均51bpm）に保たれており、推定酸素変動量が低く、レム睡眠と深い睡眠時間が十分取れている。

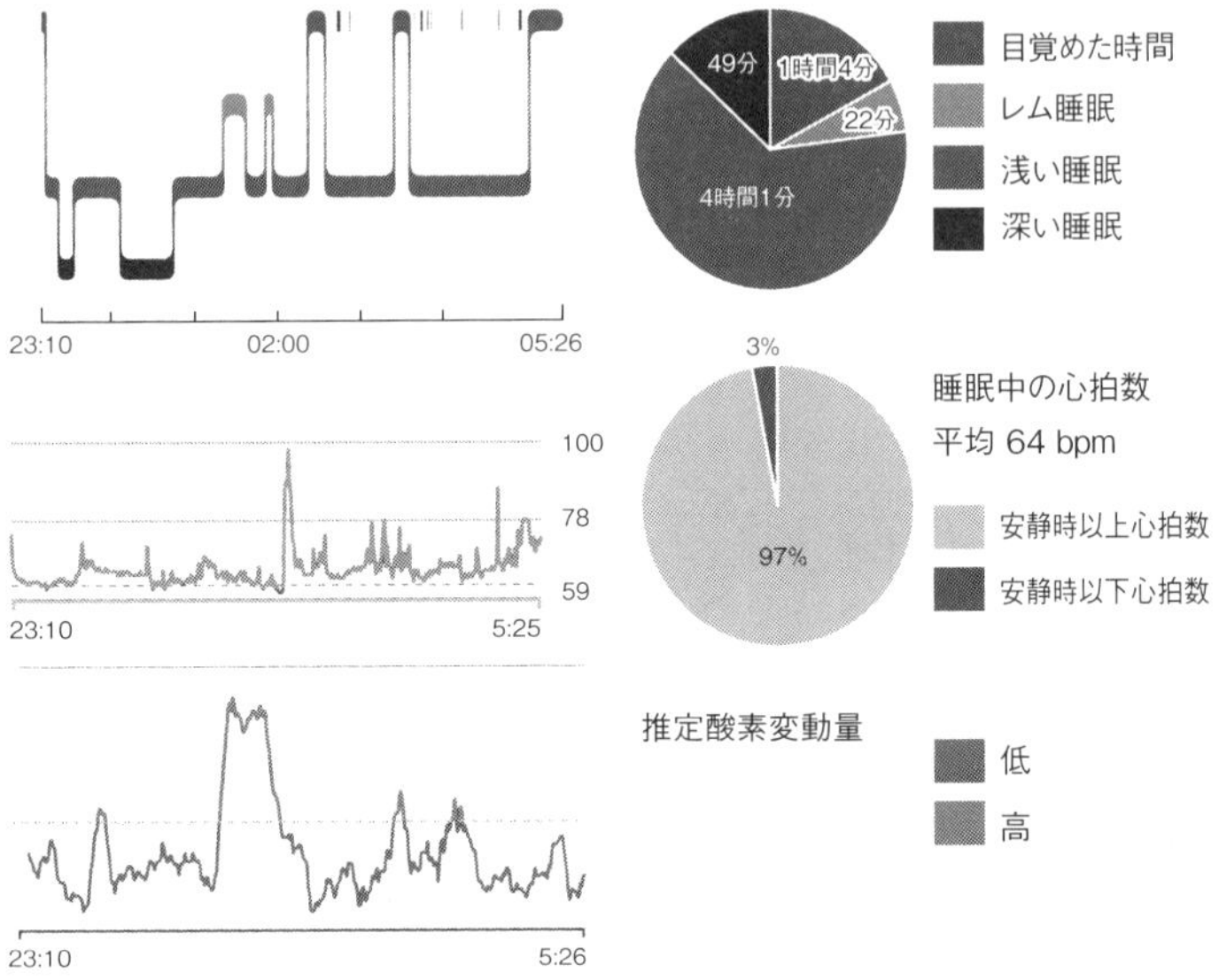

図11　深酒をしたときの睡眠状態（トラッカーアプリの画面を編集）

深酒をしたときは、97%が安静時の心拍数以上（平均64bpm）で、推定酸素変動量が大きく、レム睡眠と深い睡眠時間は短い。

か、長生きにも貢献するようです（岡田正彦著「ほどほど養生訓」〔日本評論社、2007年〕より引用）。寝る前にリラックスしてグラス1杯のワインを楽しむ時間の余裕をもちたいものです。

また、寝る前のエクササイズも睡眠の質に悪影響するようです。運動すると交感神経優位の状態になるので、睡眠の質が下がることは容易に理解できます。帰宅時間を見直してエクササイズ時間を早くし、寝る前には十分副交感神経優位になるようにしたいところですが、これは私の今後の課題です。

６つの大切なこと
その２
「精神的健康」

精神的健康について① 切り札：アドラー心理学

「課題の分離」「承認欲求の否定」「自己受容」の三つを基軸にものごとに対処する

過去に広告代理店新入社員の自殺が話題になりましたが、労災事故は後を絶ちません。直接の原因はパワーハラスメント、セクシャルハラスメントですが、その根底にあるのは、会社の縦の関係です。社員を一面的な価値観による行為のレベル、すなわち経営者や上司の利益になる なにをしたか だけで社員の価値を判断し、成果を出さない社員の存在すべてを否定する会社の体質に根本的な問題があったと言えます。自殺した本人が真面目な性格だったことも災いして、自分の存在意義に疑問をもち、最悪の結果を招いてしまったのでしょう。

このような状況は本件だけに限らず、多くの会社や大学にも当てはまるのではないでしょうか。アルフレッド・アドラーは、一生を費やして人間とその潜在能力を研究した心理学者ですが、現代社会の病んだ状況を生き抜くすべについて多くの示唆を提供してくれます（岸見一郎・古賀史健著『嫌われる勇気―自己啓発の源流『アドラー』の教え』［ダイヤモンド社、2013年］より引用）。

アドラーは、「人間の悩みは、すべて対人関係の悩みである」と言い切っています。要するに、本件を例にとると、仕事そのものが嫌いになったのでなく、仕事を通じて他者から批判され、叱責されること、お前には能力がないのだ、この仕事に向いていないのだと無能の烙印を押されること、かけがえのない「わたし」の尊厳を傷つけられることが嫌なのです。このような状況から抜け出すには、どうしたら良いのでしょうか？

アドラー心理学とは、他者を変えるための心理学ではなく、自分が変わるための心理学であり、その根幹になるのが、「課題の分離」「承認欲求の否定」「自己受容」の概念です。これは誰の課題なのか？という視点から、自分の課題と他者の課題を分離し、他者の課題には踏み込まない、というのが「課題の分離」です。

およそあらゆる対人関係のトラブルは、他者の課題に土足で踏み込むことによって引き起こされるので、「課題の分離」の視点ができていると（これまでの反省を込めて）人間関係がうまくいきます。その選択によってもたらされる結末を最終的に引き受けるのは誰か?を考えると、容易に「課題の分離」はできます。

それでは、他者が自分の課題に土足で踏み込んできたらどうするか? 他者の課題に介入している、課題の分離ができていない人であるとほくそ笑み、右から左に聞き流せば良いのです。他者の課題には介入せず、自分の課題にはひとりとして介入させない心構えが肝要です。

次に、「承認欲求」とは、誰かに認めてもらいたい、期待に応えたい、他者から嫌われたくないと思うことで、縦の関係の軸となります。他者をほめたり、叱ったり、期待に応えていないと思うことも「承認欲求」がベースになっています。このような「承認欲求」に縛られている人は多いのではないでしょうか。「承認欲求」に縛られていると、対人関係のカードはいつまでも他者の手に握られたままになっています。ほめてもらうことが目的になってしまうと、結局は他者の価値観に合わせた生き方を選ぶようになり、極めて不自由な人生を歩むことになるのです。

この「課題の分離」と「承認欲求」は親子関係にも当てはまります。親が子どもの課題に介入していないか？縦の関係を構築していないか？を考えると、これまでの子育てにも再考の余地があるのではないでしょうか。「課題の分離」ができておらず、「承認欲求」にとらわれている人、すなわち縦の関係を構築している人は、極めて自己中心的な人とも言えます。この縦の関係を横の関係にすることの重要性をアドラーは説いています。

最後に、「自己受容」について説明します。「自己受容」とは、仮にできないのだとしたら、そのできない自分をありのままに受け入れ、できるようになるべく、前に進んでいくことです。

「課題の分離」「承認欲求の否定」「自己受容」の三つを基軸にものごとに対処すると、自然とやるべきことが明らかになり、進むべき道も開けてきます。アドラー心理学は、いま、ここだけを真剣に生きることを説いています。今できることを真剣かつ丁寧にやっていくことが重要だということです。

精神的健康について② 幸せに繋がる行為

幸せに繋がる行動とは、正しい考え方を持ち、強い熱意で誰にも負けない努力を払い、持てる能力を最大限に活かし、仕事に真正面からあたるよう努めること

すべての犯罪者には、犯行に手を染めるだけの内的なしかるべき理由があるという犯罪のパラドックスは、自分のためになるという意味での善の遂行で、極めて自己中心的な考えです。科学の世界では、自己中心的な考えを捨て、科学の発展を考えるべきです。捏造・二重投稿をしない、他者の論文を適切に引用する、大きな貢献をした共著者のみを示すなど出版倫理を遵守することが極めて重要です。一般社会においても、犯罪のパラドックスに手を染めるものがいます。先に述べた広告代理店新入社員の上司もその例です。

人は社会の中で生活している以上、人と関わることを避けられません。アドラーが「人の悩みはすべて対人関係の悩みである」と結論づけているように、人と関わるが故にストレスを感じることになります。一方で、人と関わることで幸せを感じることができます。

家族やコミュニティは、富や健康よりも幸福感に大きな影響を及ぼすようです。

ユヴァル・ノア・ハラリ氏によれば、緊密で協力的なコミュニティに暮らし、強い絆で結ばれた家族を持つ人々は、家族が崩壊し、コミュニティの一員にもなれない（もしくは、なろうとしたことのない）人々よりも、はるかに 幸せ だということです（ユヴァル・ノア・ハラリ著・柴田裕之訳「サピエンス全史　文明の構造と人類の幸福」［河出書房新社、2016年］より引用）。人と関わることは 幸せ の条件でもあるのです。実際、夫婦関係、親子関係、恋人関係、友人・仲間、コミュニケーション、コミュニティへの帰属意識、ペットとの触れ合いで、幸せホルモンであるオキシトシンの分泌が活性化されるようです。

逆に、オキシトシンが枯渇した状態が、孤独、孤立です。彼女がいない、友達がいない、結婚できない、相談できる人がいない、いつも一人でいることが多い状態です（樺沢紫苑著「最新科学から最高の人生をつくる方法　精神科医が見つけた　3つの幸福」［飛鳥新社、2021年］より引用）。人と関わることは、幸せになるために不可欠なものなのです。

ここで幸せに繋がる行動と不幸せに繋がる行動を理解する必要があります。幸せに繋がる行動とは、稲盛和夫氏が言うところの、正しい考え方を持ち、強い熱意で誰にも負けない努力を払い、持てる能力を最大限に活かし、仕事に真正面からあたるよう努めることでしょう（稲盛和夫著「働き方―『なぜ働くのか』『いかに働くのか』」〔三笠書房、2013年〕より引用）。ポジティブ、建設的、協調的、明るさ、善意、思いやり、優しさ、真面目、正直、謙虚、努力家、利己的・強欲ではないこと、感謝の心を持っていることです。基本になるのは、「課題の分離」「承認欲求の否定」「自己受容」です。

不幸せに繋がる行動は相手の課題に土足で踏み込む行為です。相手が自己中心的な人であれば、泥沼の人間関係に陥ってしまうので、注意が必要です。

精神的健康について③　相手を思いやる

相手の短所を受け止め、互いの長所を引き出すことが、良い人間関係構築のコツである

若いうちは、どうしても自己中心的になりやすいです。そのくせ、常に自分と周りの人を比較して、自分の不利な環境には敏感に反応する傾向があるのではないでしょうか。研究の世界を例にとると、研究は一人でできるものではありません。（論文出版が一つの完結形とすれば）一つの研究が完結するまでには、様々なレベルで様々な人の協力を仰ぐことになります。

多くの研究者が享受している科学研究費は国民の税金でまかなわれています。私たちの研究は多くの人の支えで成り立っているのです。この事実を鑑みると、研究者は真摯な態度で研究に向き合う必要があると同時に、共同研究者・研究協力者に対して相手を思いやる優しさが必要になります。

人間は長所と短所が入り交じった複雑な生き物です。愛し合って結婚した二人が互いを忌み嫌い離婚に至るのは、自己中心的な関係になり、互いの欠点ばかりを見た結果なのでしょう。夫婦関係に限らず、すべての人間関係において、互いに長所と短所をさらけ出し、関わりたくなければ距離を置くという自己防御反応をするのが人間です。

夫婦や職場の人間関係では、関わらないわけにはいかないので、離婚したり職場を辞めたりという最悪のシナリオも起こりえます。人間関係を繕おうとするとストレスを抱え込むことになるから厄介です。自己中心的な関係を見直し、相手の短所を受け止め、互いの長所を引き出すことが、良い人間関係構築のコツであると思います。そのためには、相手の立場になって物事を考えること、すなわち相手を思いやる優しさが重要になります。人間の長所を見ようとすると意外な一面を見いだすことがあります。

アリの社会は、二割の怠け者がいて、怠け者を除けて働きアリだけにしても、また二割のアリが怠け者になるというのは、聞いたことがあるかもしれません。しかし、最近の研究で、常に怠け者がいることは集団の存続に有利であることが分かってきたようです。怠け者のアリは、働きアリが疲れたときのバックアップとして余力を残しているだけでなく、アリの卵に唾液をすりつけて感染から防御しているというのです。

若い時は、とかく他人の欠点に目が行きがちですが、重要なのは「課題の分離」と「承認欲求の否定」を基軸に人間関係を再考することが対処方法であることが最近分かってきました。これまで私は、相手の気持ちも考えずに、正論を振りかざし、相手にストレスを与え、人間関係を悪くした経験があります。自戒を含めて、人格に磨きをかけなければならないと思っています。良い人間関係の構築に有効な対処法については、次の項で述べたいと思います。

【精神的健康の実証実験】自己中心的な人との付き合い方

ご機嫌な人生を送るコツは、自分が自己中心的になっていないか客観的に評価し、自己中心的な人とは距離感を保つ

アドラーによれば、「課題の分離」ができておらず「承認欲求」の強い人は、自己中心的な人であるといいます。自己中心的な人は土足で他人の課題に踏み込んできて、自分の価値観を押しつけます。そのような人は高次な次元から事象を客観視して周りに適応する能力が低いと思います。一般的に大きな志をもっている人はこの能力が高いですが、組織や公共の利益より自分の利益を優先させるような人は高次に客観視できないので我を押し通すと言えます。（過去の自分の反省も踏まえ）その程度は人により異なりますが、自己中心的な人は数多く存在します。

「課題の分離」ができていない人は、他人のことを気にするだけの時間的余裕があるのでしょうか、他人の仕事やプライベートな行動が気になる詮索好きな人である場合が多いと

思います。自分にはまったく影響を及ぼさない関わりのないことに対して、何かと他人に自分の価値観を押しつけ非難する人です。「課題の分離」ができている人は、自分に影響を及ぼす問題がなければ、その人の仕事やプライベートな行動は気にならないはずです。「承認欲求」の強い人も厄介です。他人に何かを期待するので、自分にとって価値がない、または期待に応えないと判断した人に対してネガティブに関わろうとします。しかし、自己中心的な人は他人事ではありません。自分を客観的に評価して、自分が自己中心的でないか、自己診断することも重要です。

私も、他人の課題に介入して、その人を不快にさせてしまった苦い思い出があります。友人に対して、「こうあってほしい」という気持ちから自分の価値観を押しつけた際に、その友人が激怒したことがありました。その時は、何でそこまで怒るのか理解できなかったのですが、まさに私が友人の課題に土足で踏み込んだからであることが今になってよく分かります。仲が良い友人に対しても自分の価値観を押しつけるようなことは慎むべきであることを学んだ教訓です。

結論から言うと、まずは自分が自己中心的になっていないか客観的に自己評価することが重要です。その上で、自己中心的な人には関わらない方が良い。仕事上の上司など関わらざるを得ない場合は、距離感を保つことが肝要です。

人が腹立たしく感じるときは、自分の課題に他人が土足で踏み込んだときです。そのような場面に遭遇したら、関わらないのです。関わらないということは、決して腹を立ててはいけないということです。こちらが腹を立てたら最後、自己中心的な人はひたすらネガティブな関わりを増強させます。一度そのネガティブ・ループに踏み込むと、ネガティブな関わりは延々と続くことになるので、極めて厄介です。

R国のP大統領は極めて自己中心的な人物です。U国のZ大統領は、P大統領とは喧嘩をせず、距離感を保つことが最善の策であったのかもしれません。高次の次元から物事を客観視できる為政者は少ないようで、自分の利益と国の利益をオーバーラップさせ、野心的に自分のビジョンを達成しようとする為政者には注意が必要です。ある先生が「人は困ったときに怒るので、相手を怒らせたらこちらの勝ちだ」と言われたのを思い出します。相手が怒るということは自分の主張が正しいことの証左である、という趣旨だったと思いますが、自己中心的な人は自分のビジョンを邪魔するものを排除しようとするので、主張の適否以前に、そのような人は自分にネガティブに関わってくるので厄介です。

夫婦関係も難しい問題です。夫婦間は、通常の人間関係とは違って、どうしても遠慮が無くなり、承認欲求が強くなる場合があります。お互い自己中心的な関係に陥りやすいという意味です。夫婦同士が関わらないことは不可能なので、距離感が重要になります。夫婦間においても、相手を怒らせると同時に、自分が腹を立てることはネガティブな結果しか生まないので、冷静さを保つことが重要です。決して腹を立てないことが課題になります。つまり、ご機嫌な人生を送るコツは、自己中心的な人との距離感が鍵を握っているのです。

アドラー心理学は、人の行動心理も深掘りすることができるようです。「課題の分離」「承認欲求」「自己受容」の三つの観点から、その人の行動理由を想像することが可能です。相手の行動には理由がある。例えば、人が何かを依頼された場合は、人は断る理由として「忙しいからできない」と言います。実際は、やりたくないから、「忙しい」ことを理由に断るのです。やりたいことは、「忙しく」てもやるのです。もちろん、本当のことは直接話をしないと分からないこともありますが、本音を言わない人に対しては、結局は行動心理を読むしかありません。自分にとって大切な人であれば、自分勝手に行動心理を深読みするのではなく、しっかり話し合うことが重要なのでしょう。いずれにしろ相手のキャラクターを理解し、距離感をどうつくるかが、人間関係でストレスを抱え込まない鍵となります。

自分のストレスを分析する

ストレス対処法は、他人軸は「アドラー心理学」、自分軸は幸せとは何か？を知ることにヒントがある

人は日々の生活の中でストレスを感じています。対人関係によるストレス、他人と自分を比較することにより生じるストレス、理想の自分と現実の自分のギャップに起因するストレス、やらなければならないこととできることのギャップに起因するストレス、仕事やプライベートの充実感の欠如によるストレス、世の中で起こっている理不尽な出来事によるストレス、物事がうまくいかない環境によるストレス、健康や怪我、老化に起因するストレス、やらなければならないことによるやりたいことの制約に起因するストレス、ストレ

ス・フリーと思っている人まで様々です。

私の場合は、やらなければならないことを放置している状態がストレスです。やらなければならないことに起因する やらなければならないことの制約でしょうか。ストレスは、広く、深く、難しい課題で、漠然としていて具体性もあり、人それぞれです。ストレスが適度であれば、仕事やプライベートにポジティブに働きますが、過度であればネガティブに働き、人は病んでしまいます。ストレスを感じていない人は平和な人ということになります。

重要なことは、ストレスにどう対処するかです。大きく自分軸と他人軸に分けられますが、他人軸はアドラー心理学で対応可能です。自分軸は幸せとは何か？を知ることにヒントがあります。「課題の分離」と「承認欲求の否定」で対人関係によるストレスからは解放されます。

他人と自分を比較することにより生じるストレスは「承認欲求の否定」と「自己受容」で対応できます。人それぞれ能力・環境・経験が違うので、他人と自分を比較してストレスを感じる意味はありません。類似・対比・因果は重要ですが、自分に足りないものを

「自己受容」し、自分が成長すれば良いのです。

理想の自分と現実の自分のギャップに起因するストレスややらなければならないことと できることとのギャップに起因するストレスについても然りですが、適度なストレスを感じ、自分の成長へのモチベーションに繋げると良いと思います。仕事やプラベートの充実感の欠如によるストレスはどうでしょうか。やりたいこと、やらなければならない、できることを整理して充実感を感じられるためにはどうしたら良いかを考えてみてはいかがでしょうか。

世の中で起こっている理不尽な出来事によるストレスや物事がうまくいかない環境によるストレスは厄介ではありません。自分の力で事態が改善するのであれば、改善方法を考える余地はありますが、自分の力ではどうにもならないことならば事態を静観するしかありません。健康や怪我、老化に起因するストレスは避けられないこともありますが、少しでもリスクを減らす努力はできるはずです。やらなければならないことによる やりたいことの制約に起因するストレスは、時間軸を利用して やりたいことの輪をどうやって広げるか思案してはいかがでしょうか。いずれにしろ、どんなストレスでも解決、もしくは改善することは可能であると思います。

私の課題のやらなければならないことを放置している状態の解決方法を考えてみましょう。やらなければならないことには優先順位があるので、〆切がある仕事を優先することになりますが、〆切のない仕事は後回しにしてしまいます。やらなければならないことからは逃れられないので、ストレス状態はいつまでも続くことになります。基本、やるべき仕事が多すぎることが問題ではあるのですが、何とかスマートに処理できるようになりたいと思っています。これも、自己の成長で解決できる問題なのだと思います。少なくとも、今の仕事で定年を迎えれば、時間的余裕が生まれ改善されることは間違いないと思います。

6つの大切なこと
その3
「筋力」

筋力について① 筋力と健康との関係

筋トレで全身の骨格筋をバランス良く鍛え、規則正しい食生活やバランスの良い食材で腸の内臓筋、ランニングで心筋のパフォーマンスを上げる

筋肉とはどのようなものか見ていきましょう。肘を曲げたときにできる二の腕の力こぶの正体が筋肉で、筋肉が収縮すると子ネズミが皮膚の下を走るように見えるので、ラテン語のネズミMusに由来して、英語でmuscleといいます。動物の細胞は本来すべて収縮性、すなわち運動能をもち、特に収縮運動に特化した細胞を筋細胞または筋線維と呼び、この集合によってできた器官を筋または筋肉といいます。

筋肉は結合組織で覆われており、ミカンの実と皮に例えると、実が筋肉、すなわち筋線維束で、皮が房を分けています。この皮に相当するのが筋膜と呼ばれているものです。牛の赤いステーキ肉や鶏の白いむね肉、マグロの赤身、タイの白身も筋肉で、色の違いは酸素と結合するミオグロビンというタンパク質の量に起因しています（図12）。

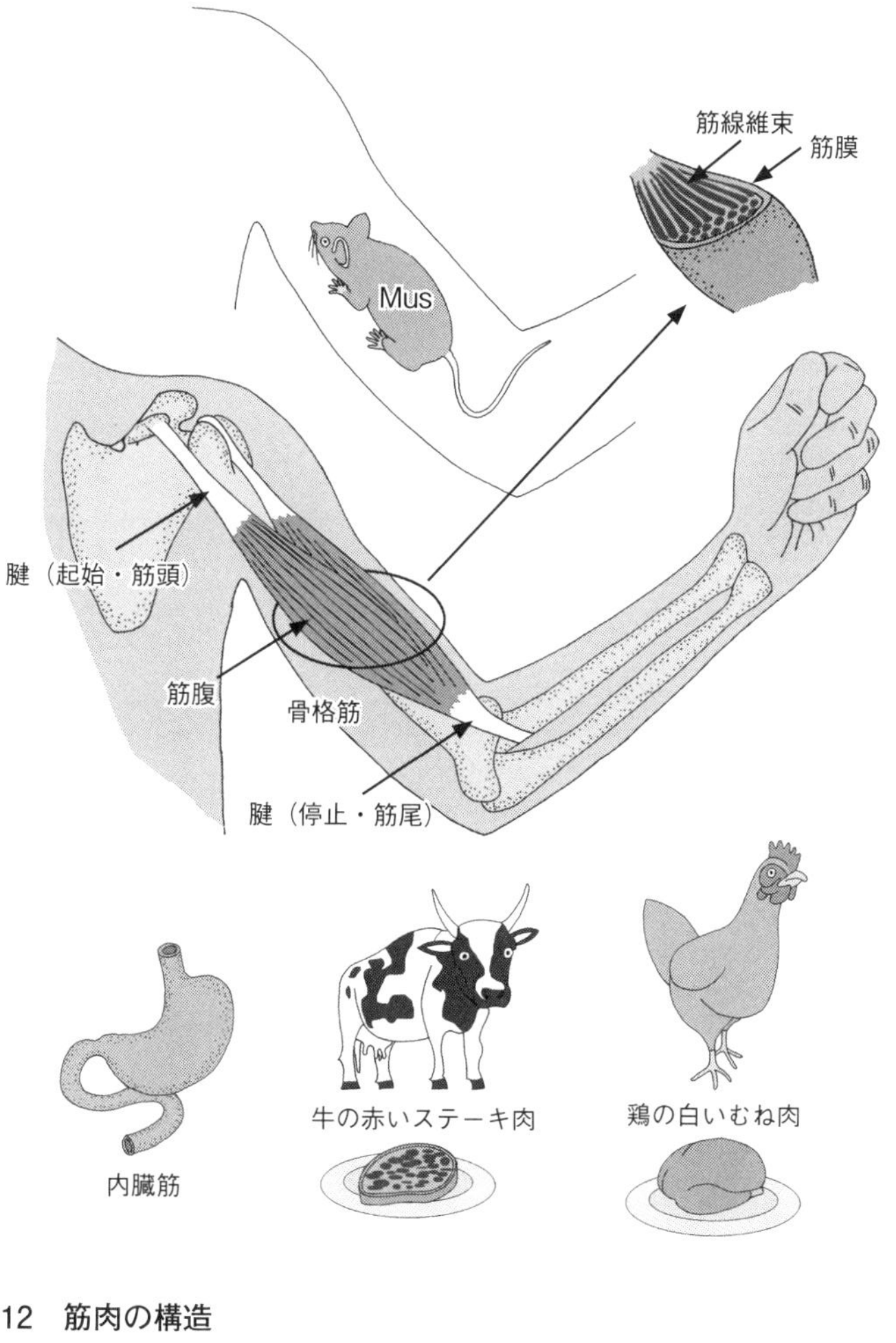

図12　筋肉の構造

筋肉は結合組織で覆われており、ミカンの実と皮に例えると、実が筋肉で、皮が筋膜である。牛の赤いステーキ肉と鶏の白いむね肉はそれぞれ赤筋、白筋といい、赤筋はマラソン選手、白筋はスプリント系種目の選手に発達している。

筋肉はその筋線維の形態によって分類され、線維に縞模様のあるものが横紋筋で、骨格筋と心筋が横紋筋です。縞模様がないものが平滑筋で、内臓筋は平滑筋です。自らの意思で収縮できるものを随意筋、コントロールできないものを不随意筋といいますが、骨格筋が随意筋、心筋・内臓筋が不随意筋です。

筋肉はそれぞれ固有の形をもっており、紡錘状・羽状・長帯状・輪状などを呈します。骨格筋は必ず一つの骨から起こって他の骨につきますが、筋膜や皮膚にもつきます。この筋肉を骨に結びつけているところが腱で、例えばアキレス腱や爪を立てたときに手の甲に浮き上がるスジがそうです。

人間の筋肉は30歳頃をピークに減り始めます。80歳では30歳頃のピーク時に比べ約3分の2まで減少するといいます。この筋肉量の減少は体力を奪うだけでなく、メタボリックシンドローム（代謝症候群）やロコモティブシンドローム（運動器症候群）に深く関与します。筋肉量を減らさない、あるいは積極的に増やすには、筋トレということになります。筋肉量が減るということは、代謝も下がることに繋がるので、運動でしっかり筋肉を鍛え、代謝を下げない体をつくることが重要です。筋肉を繰り返し収縮させると、心拍数が上がり、心臓の働きが活発になることは血流の活性に繋がるので、酸素や栄養素を様々な臓器に運ぶことができるようになります。

筋トレは、全身の筋肉（骨格筋）をバランス良く鍛えることが必要です。ランニングは下半身の筋肉強化に繋がりますが、ミオグロビンの多い赤筋が鍛えられます。下半身の筋肉に、より負荷をかけてミオグロビンの少ない白筋を鍛えることも必要でしょう。これには、脚のエクササイズマシーンを使ってのプログラムが有効であると思います。内転筋強化で、足を閉じる内転筋が膨らむようになります。上半身は腕立て伏せが基本になります。顔と手の位置関係を工夫して、目的の筋肉に負荷がかかるようにする必要があります。懸垂マシーンなども有効であると思います。

筋肉が出す物質を総称して「マイオカイン」といいます。がんの抑制効果、うつ症状改善効果、脳を活性化する可能性などが報告されていますが、運動した時に筋肉から「インターロイキン６（ＩＬ‐６）」という物質が大量に放出されることが知られています。ＩＬ‐６は岸本忠三名誉教授（大阪大学）らが見つけた物質ですが、筋肉から放出される「マイオカイン」が体の免疫のバランスを整える可能性も示されています（Timothy M

Kistner et al. Interleukin 6 as an energy allocator in muscle tissue. Nat Metab 4(2): 170-179, 2022.)。

内臓筋や心筋を鍛えることも必要です。規則正しい食生活やバランスの良い食材は腸を整え、内臓筋の働きにポジティブな影響を与え、ランニングにより最大心拍数を上げることで、心筋のパフォーマンスを上げることができます。

筋力について② 老化に抵抗する

全身の老化に抵抗するためには、筋力トレーニングに加え、ストレッチ（＝姿勢が良くなる）＋糖質制限（＝体型が良くなる）が有効

日本史・世界史にみる群雄割拠栄枯盛衰の歴史を振り返ると、人の死により戦局が変わり、歴史が大きく動くことが分かります。偉大な英雄のＤＮＡを引き継いだ子どもは、決して同じＤＮＡではないので（父親が英雄の場合母親由来のＤＮＡで半分に薄まり、父親由来のＤＮＡも減数分裂により少し異なるものとなる）、環境要因も手伝い、必ずしも父

親の資質を受け継げるとは限りません。英雄の不老不死を求める話は始皇帝を始め世界各地にありますが、実際には不老不死の薬などはなく、人は老化と死を避けられません。また、美を意識する人にとって、美は非常に重要な課題であり、いつまでも若くいたいという願望は強く、外科的な若返り手術は大きな需要があります。それでは、私たちは、老化に抵抗することができるでしょうか。

顔の加齢変化は、すべての解剖学要素、すなわち骨格、歯列、脂肪組織、筋、表在性筋腱膜系（superficial muscular aponeurotic system：SMAS）、靱帯（骨と皮膚、筋と皮膚を結ぶ支持構造）、皮膚など多様な箇所に起こります。中顔面、特に下眼瞼（下まぶた）の加齢が外科的な若返りの鍵となります。歯の喪失に伴う顔面の変化は、下顔面に起きます。28歳、58歳、88歳の顔を比較すると、ハート型の若者の顔から洋なし型の老人の顔への移行・頬部の脂肪体の下降とともに、眼輪筋、眼窩、皮膚に刻まれる溝などに大きな変化が現れます（図13）。コロナ禍でマスク姿の人が綺麗にみえるのは、理想の下顔面を想像しているからなのでしょうか。

前頭部の深い皺に加え、眼窩の高さが増加し、上顎骨の高さが減少し、眼輪筋の下縁が

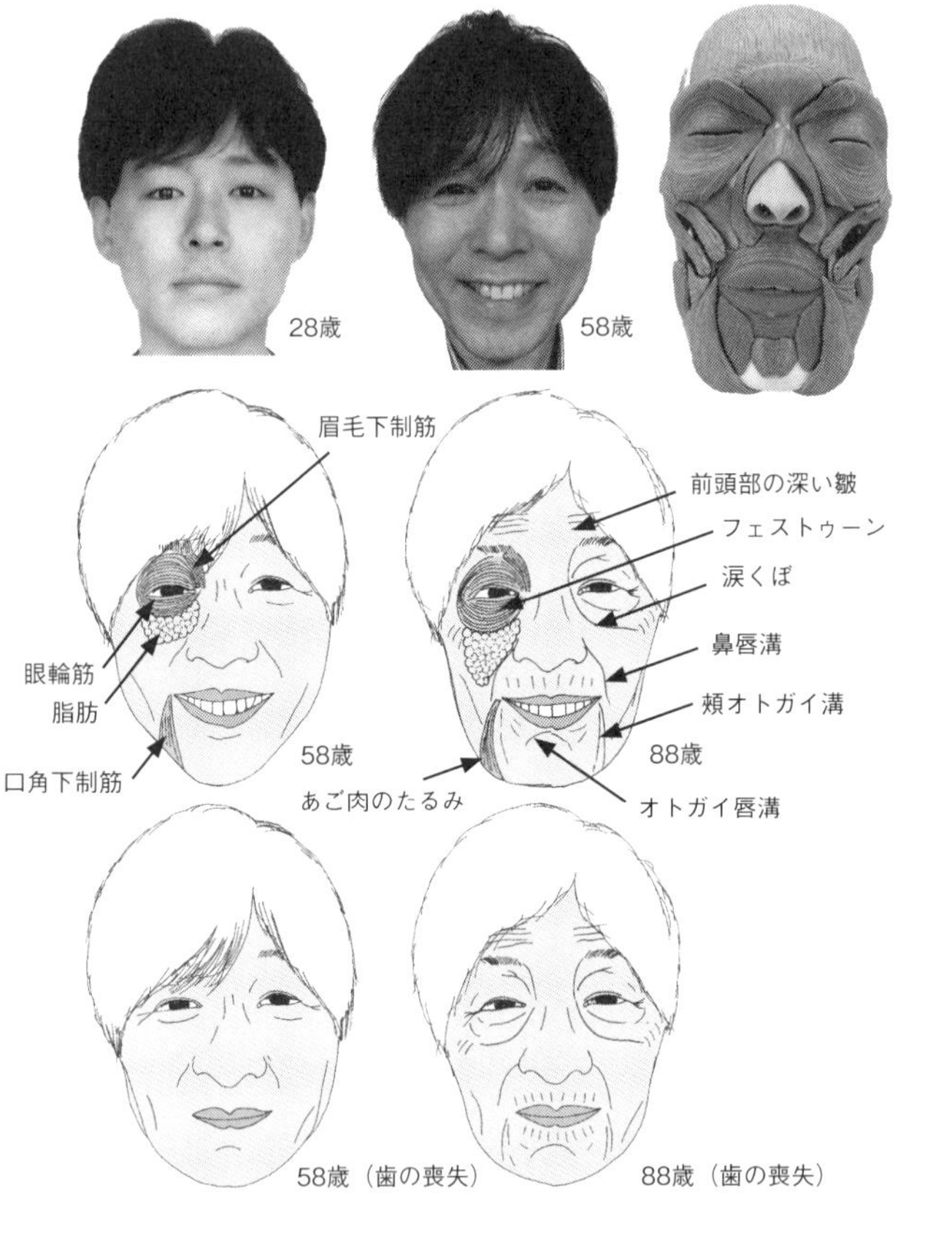

図13　顔の加齢変化と筋肉・脂肪・歯列との関係
（大島勇人「口腔の筋肉のしくみとはたらき〜臨床に活かす解剖学アトラス〜」デンタルハイジーンVol.40 No.10を改変）

若年期（28歳）、壮年期（58歳）、老年期（88歳）の顔を比較すると、眼輪筋、脂肪、眼窩、皮膚に刻まれる溝などに大きな変化が出る。右上の写真は、産学連携プロジェクトで開発した表情筋・咀嚼筋モデル
（J-01医学モデル工業http://www.mmi-co.jp）

余剰になります。眼の下の膨らみはフェストゥーン（花飾り）と呼ばれます。フェストゥーンは眼窩の脂肪量で強調されるので、顔面の脂肪量を減らすことは重要でしょう。眼窩下の皺である「涙くぼ」が側方に伸び、内側に下降し続け、眼窩下縁が見えるようになります。同時に眼窩上縁の皺も目立ってくるようになります。脂肪の下降、鼻唇溝・オトガイ唇溝の明瞭化とともに、マリオネット線と呼ばれる頬オトガイ溝とあごのたるみ（脂肪によるたるみ）が発達し、老いた顔貌となります。まぶたの皺も目立ってきます。

歯（歯列）の喪失は歯槽骨の吸収を起こし、下顔面の高さが減少しますが、咬合高径を低くした顔を繋げると下顔面の縮小が起こり、顔の老化に拍車がかかるのが分かります。顔の加齢変化に抵抗するのは、脂肪量を減らすことと歯の健康を保つ（歯を失わない）ことが重要です。顔の筋肉を使うことで脳の広い範囲が活性化されることを述べましたが、口腔ケアで認知症が改善されることも報告されています（長谷川嘉哉著「認知症専門医が教える！　脳の老化を止めたければ歯を守りなさい！」［かんき出版、２０１８年］より引用）。口腔ケアとともに顔の筋肉を使うことが老化に抵抗するために重要であると言えます。

加齢により心身が疲れやすく弱った状態をフレイルと呼び、フレイルの原因となる筋肉量の減少および筋力が低下する症状がサルコペニアです。フレイルの予防＝サルコペニアの予防＝筋肉トレーニングとなることは容易に分かるでしょう。全身の老化に抵抗するためには筋力トレーニングが有効な手段になりますが、老人型体型にも注意が必要です。背中が曲がって腰を突き出した格好で、内臓脂肪でお腹だけはぽっこりしている体型です。ここでもストレッチ（＝姿勢が良くなる）＋糖質制限（＝体型が良くなる）が有効でしょう。

6つの大切なこと
その4
「ストレッチ」

ストレッチについて① ストレッチの重要性

開脚ベターは股関節の柔軟性のバロメーター

現在、開脚ベターを目指しています。開脚できるということは、体に柔軟性があるということなので、姿勢が良くなる、疲れが取れる、痛みが取れるなど、様々なメリットがあります（藤本陽平監修「体がかたい人でも　ラクに開脚できるようになる本」［KADOKAWA、2017年］より引用）。目標をもって努力をしていると、精神的にも人をポジティブにする効果があることを実感します。私たちの体の筋肉は加齢や運動不足によってしだいに硬くなっていきます。体に柔軟性がないと体を動かしにくくなり、疲れやすくなるのも想像できるでしょう。

運動器の障害のために立つ、歩くといった機能が低下した状態をロコモティブシンドロームと呼びますが、体が硬い→痛い→動かない→メタボ→ロコモという負のスパイラルに入ります。下半身の股関節まわりのストレッチが特に重要です。股関節に柔軟性が生まれると、骨盤が立つ（前傾しやすくなる）ので、背筋も伸び、ウエストにくびれも出るようになります。開脚ストレッチには美脚効果もあるようです。藤本氏によれば、股関節、ひざ関節、足首のバランスも重要で、それぞれ60％、30％、10％の割合が良いようです。開脚ストレッチをすると、血流が促され、疲労を回復する効果も得られるのです。

筋肉は、伸ばされると収縮しようとする伸長反射があります。これは筋肉の伸長センサーである筋紡錘が存在するからです。一方、筋肉と骨とを結合する腱には、腱紡錘というセンサーがあり、腱が緊張すると筋が緩みます（弛緩します）。この知識を利用し、解剖学を勉強して筋肉の起始と停止を意識して腱を伸ばすようにストレッチをすると効果が増すようです。腱紡錘を刺激するには、筋肉を収縮させながら、その状態で外力をかけてストレッチするという方法も有効なのかもしれません。筋紡錘も20秒くらいで刺激を伝えなくなるようで、20秒以上ストレッチをすることが推奨されています。痛気持ちいい感覚で筋肉を伸ばすのが良いのです。

ストレッチで重要なのは、自分の弱点を知ることと、ストレッチの時間であると思います。「思う」という弱気な発言をしているのは、未だ開脚ベターの目標を達成していないからです。ストレッチの本を購入して勉強したり、複数のユーチューブ・コンテンツでストレッチを実践したものの、股関節全体の柔軟性はなかなか高まりません。股関節は二十以上の筋が協調して太もも（大腿）や下腿の屈曲・伸展・内転・外転・内旋・外旋とあらゆる運動を行うので、股関節の運動に関わるすべての筋肉をストレッチするのはそう簡単ではありません。

さらに、アナトミー・トレインという概念があります（トーマス・W・マイヤース著・板場英行・石井慎一郎訳「アナトミー・トレイン―徒手運動療法のための筋筋膜経線」［医学書院、2017年］より引用）。例えば背面でいうなら、足底からふくらはぎ、太ももの後ろ、背中の深部、後頭部から頭頂部にかけて筋・筋膜が繋がっている、という概念です。足底部を伸ばすと前屈がしやすくなるように、全身の筋肉が連絡しているので関わるすべての筋肉の柔軟性が増さないと股関節の柔軟性は向上しません。すなわち、一部の筋肉が柔らかくなっても、他の筋肉が硬いままでは、全体としては股関節の柔軟性は高まらないのです。

55年の長きにわたって硬くなった全身の筋肉をほぐすのはかなり大変な作業です。開脚ベターを披露しているユーチューバーは若い女性が多いので、彼女らも55歳の男性の体の硬さをイメージするのは難しいと想像します。様々なストレッチを試み、試行錯誤を繰り返し、自分の欠点を克服する（硬い筋肉をほぐす）ことに努めて、少しずつゴールを目指すしかないようです。また、例えば1日短時間のストレッチでは不十分で、日常生活の中で少しでもストレッチをする時間をつくる必要があるようです。バランスボールによる体幹強化も実践していますが、股関節ストレッチのゴールは、まだまだ遠い先のようです。

開脚ベターは股関節の柔軟性のバロメーターなので、地道に欠点の克服に取り組んでいきたいと思います。開脚ベターが達成できたら、次は肩関節の柔軟性アップになります。できないことは幸せの種となるので、達成に向けて地道に努力を積み重ねて幸せを勝ち取りたいと思います。

ストレッチについて② 姿勢＝見た目も意識

骨盤の前傾、頸部と腰部が前弯している状態が重力に逆らわない理想的な姿勢である

街を歩いて周りを見回してみると、姿勢の悪い人が多いことに驚きます。特に加齢とともに筋力が弱くなると姿勢の悪さが強調されるようです。哺乳類において、四足獣とヒトの背骨（脊柱）を比べると大きな違いがあります（図14）。脊柱を側方から眺めると、人はくび すなわち頸部と こし すなわち腰部では前方に凸弯すなわち前弯しており、むねすなわち胸部と おしり すなわち殿部では逆に後方に凸弯すなわち後弯して曲線を描いているのが分かります。頸部の前弯は赤ん坊の首がすわることで形成され、腰部の前弯は赤ん坊が あんよ を始める頃に形成されます。二足歩行することにより、口底部は脊柱と直交するようになるのです。

交連標本という全身の骨を繋げた標本があり、頭から吊り下げられた状態になっていま

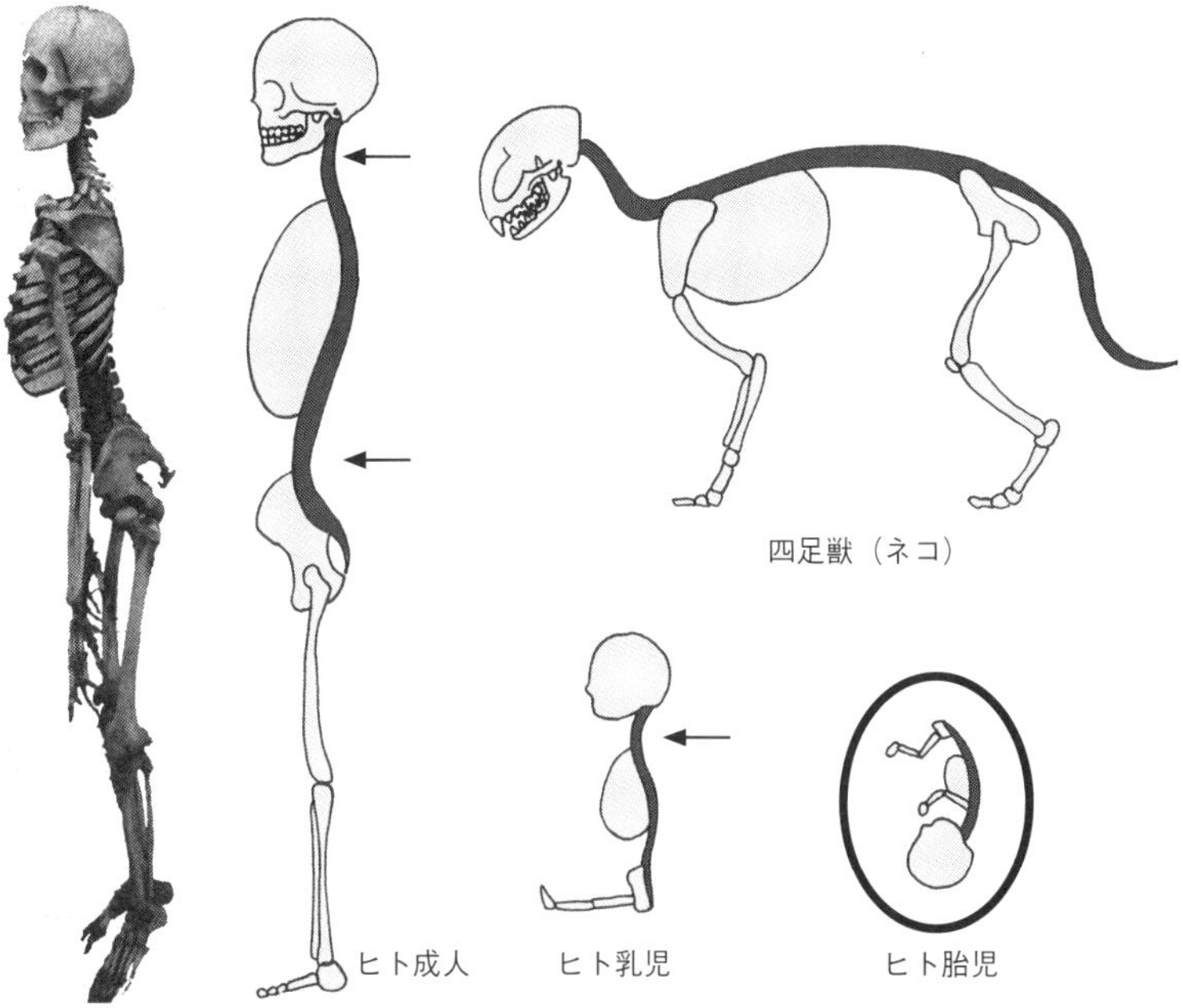

図14　ヒトの交連標本と四足獣・ヒト成人・乳児・胎児における脊柱の前弯の比較（大島勇人「口腔の筋肉のしくみとはたらき～臨床に活かす解剖学アトラス～」デンタルハイジーンVol.40 No.9を改変）

頸部の前弯は赤ん坊の首がすわることで形成され、腰部の前弯は赤ん坊が あんよ を始める頃に形成される。全身の骨格が重力を受けてぶら下がっている状態だと、骨盤前傾している。

図は寺田春水・藤田恒夫著「骨学実習の手びき」（南山堂、1992年）のp.16とp.18を参考に著者がイラスト作成

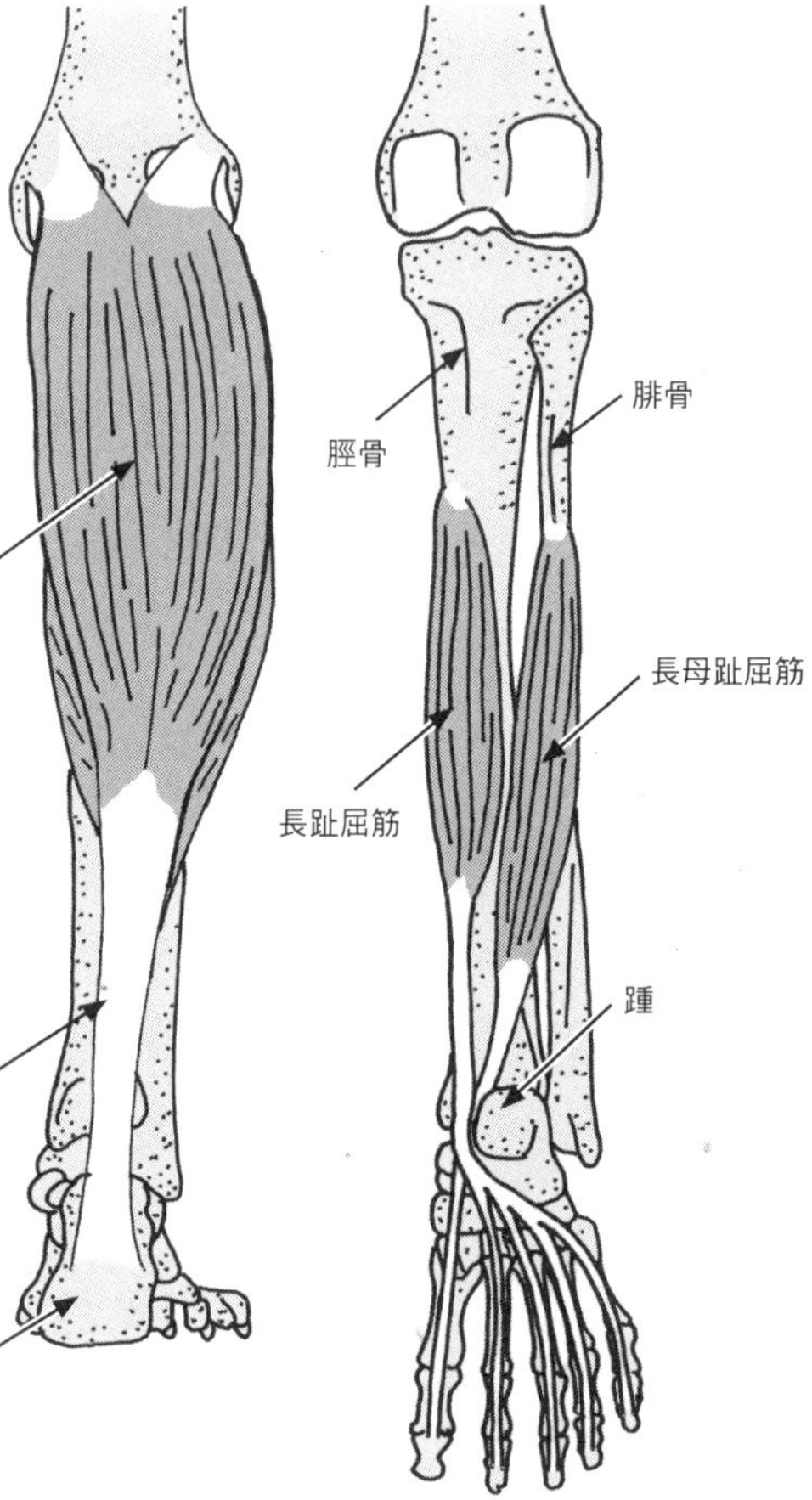

図15　下腿三頭筋・長趾屈筋・長母趾屈筋の起始と停止

長趾屈筋と長母趾屈筋は脛骨と腓骨から起こり足の指の骨に停止する。これらの筋と足を底側に曲げるふくらはぎの筋（下腿三頭筋）が同時に働いて歩行や跳躍などに大きな役割を果たす。

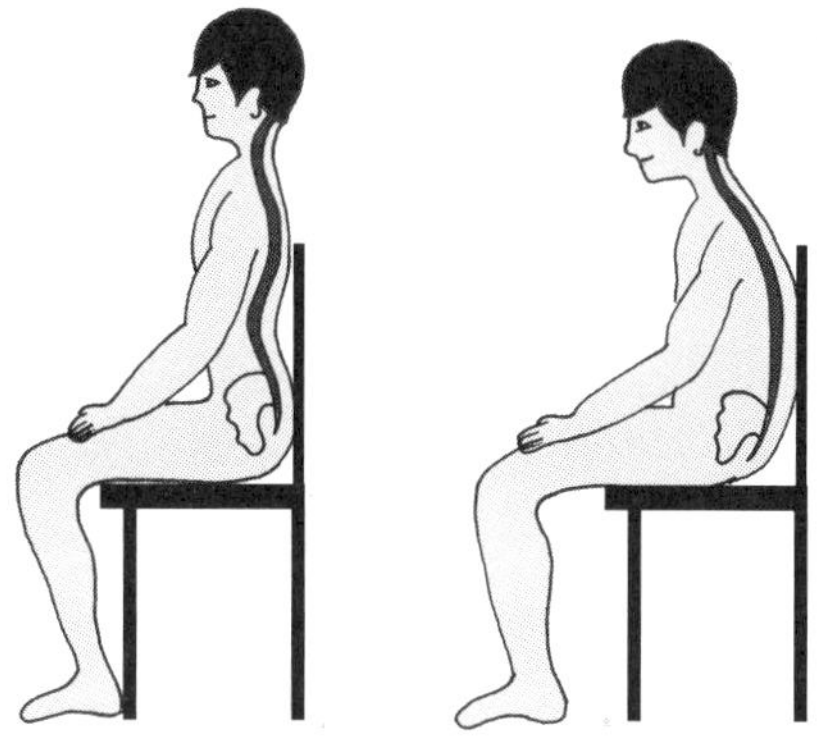

図16　写真写りを若々しくする方法

椅子に浅く座って、腰が曲がって（後弯して）いると、年老いた姿になる（右）。一方、椅子に深く座って、腰部の前弯を意識すると、座っている姿が若々しくなる（左）。

す。全身の骨格が重力を受けてぶら下がっている状態なので、骨盤を見ると、骨盤が立っています（前傾しています）（図14）。すなわち、骨盤の前傾、頸部と腰部の前弯、胸部と殿部で後弯している状態が重力に逆らわない理想的な姿勢であると言えます。

私は学生時代に競技ダンスをやっていたので、プロの先生から4年間ポイズ&ホールドと呼ばれる姿勢を徹底的に鍛えられました。今更ながら、骨盤を前傾させると理想的なポイズになることを理解しました。

また、最近健康サンダルを購入して家で履いているのですが、これを履くと足の指を曲げる状態になります。足の指を曲げる筋は二グループあり、長趾屈筋と長母趾屈筋はふくらはぎの奥の骨（脛骨と腓骨）から起こり足の指の骨に停止します。短趾屈筋と短母趾屈筋と短小趾屈筋は足の裏の骨から起こり足の指の骨に停止します。この指の屈筋と足を足底側に曲げるふくらはぎの筋（下腿三頭筋）が同時に働いて歩行や跳躍などに大きな役割を果たします（図15）。

座っているときでも歩いているときでも「足の指を曲げる」ことを意識すると、足の裏のアーチ（足底弓）が保持された状態で体重を支えることができ、良い姿勢を維持することができます。このことを知っていれば、競技ダンスでもっと良い成績をあげられたのではないかと悔やまれます。

ここで、写真写りを若々しくする方法を伝授しましょう。ズバリ、骨盤を立てた前述の理想の姿勢です。座っているときも姿勢の良し悪しがよく分かります。椅子に浅く座って、腰が曲がって（後弯して）いると、年老いた姿になります。椅子に深く座って、腰部の前弯を意識すると、座っている姿が若々しくなるので、是非試してください（図16）。老化は見た目から進むので、少しでも見た目を若く保つことがアンチエイジングに重要です。

6つの大切なこと
その5
「生き甲斐」

生き甲斐について① 運命と因果応報

因果応報の法則：縁を活かすことは幸せの条件であるできることややりたいことの輪を大きくするきっかけとなる

稲盛和夫氏によると（稲盛和夫著「稲盛和夫の哲学—人は何のために生きるのか」［PHP文庫、2013年］より引用）、我々の人生を形成する要素は運命と因果応報の法則の2つがあるという。研究者の世界で例えるのなら、一流の学者という地位を得るかどうかは、自分の意思や遺伝子の力が及ばない何か—運命—の範疇に属する。もう一つは、行動したことが原因となって結果が生じるという因果応報の法則で、運命より若干強く、善きことを思い、善きことを行うことによって、運命の流れをよき方向に変えることができるという。

自分の人生を振り返ると、様々な人生の分岐点があったことが分かります。まず、小学校4年生の3学期から受験勉強をして私立の中高一貫受験校に入学したことが大きい。これは家庭環境が提供してくれたチャンスでした。大学受験に歯学部を受験したのもしかりです。

私たちの体を構成する37兆個の細胞はたった一つの受精卵からスタートします。細胞が分裂して2つになり、2つが分裂して4個になり、次は8個と倍々に増えていき大きさを増し、受精6日後に子宮に着床する頃には、内細胞塊と栄養膜という二つの集団に分かれます。内細胞塊の細胞が私たちの体を形づくりますが、体を構成するあらゆる細胞に分化することができるので、多能性と呼ばれます。それが、発生の進行とともに分化する方向が狭められていき（コミットメントという）、特定の細胞へと分化していきます。小学校の頃には、遺伝子や家庭環境によって既にコミットメントされているのですが、ある意味様々な可能性を秘めています。歯学部に入学した時点で自分の人生がある方向にコミットメントされていくことになります。

文部科学省の「学生生活調査」（2012年）によると、子どもの学力に大きな影響を与える要因は親の年収や学歴です（中室牧子著「『学力』の経済学」［ディスカヴァー・トゥエンティワン、2015年］より引用）。東京大学では、親世帯の平均年収は100

0万円で、世帯収入が950万円以上の学生の割合が約57％を占めています。小学生の頃に、もしくはそれ以前に、家庭環境がその子の人生に大きく影響していることが分かります。高学歴の親は、その人生体験をベースに、現在の知識社会を生き抜くには、高学歴が有利になることを知っているので、子どもを親が描けるビジョンのレールに乗せようとするのです。

歯学部入学後に、医学部を再受験したり、弁護士になったり、起業したりと、私の周囲には別の道に進む者もいますが、多くは歯科医師を生業《なりわい》とします。歯学部に入学してみると、私のような基礎研究者や行政など、歯科医師のライセンスを使わない道もあることを知りますが、様々な人との出会いを通して、人生のレールの切り替え点を通過する時に、少しずつ向かう方向が変わっていくのです。これが運命なのでしょう。

戦国の武将柳生石舟斎は「小才は縁に出会って縁に気づかず、中才は縁に会って縁を生かせず、大才は袖触れ合う縁をも生かす」という言葉を残していますが、縁を活かすも殺すも本人次第であることを示したのが因果応報の法則なのです。人と関わることは前述した人が悩む種となる一方で、縁を活かすことは幸せの条件である できることや やりたいことの輪を大きくするきっかけとなるのです。

生き甲斐について②　やりたいこととやらなければならないこと

目の前のことに真剣に丁寧に向き合って、ベストパフォーマンスを出す努力が、達成感とともにその先のご褒美を享受する

２００８年に緑色蛍光タンパク質（ＧＦＰ）の発見でノーベル化学賞を受賞した下村脩先生の特別講演を聴く機会がありました（第１１５回日本解剖学会総会・全国学術集会、２０１０年３月28〜30日）。講演の骨子は、分からない現象を知ろうとし、新たな知識を見いだす真理の探究が基礎研究であり、是非基礎研究をしてほしい。興味のあることに遭遇したら、最後までやり遂げてほしい。難しいものほど達成の喜びが大きい。そして、どんな難しいことでも努力すればできるようになるというメッセージでした。そして、印象に残ったのは、生い立ちから現在に至るまで多くの出会いを通してお世話になった人への感謝の気持ちを述べて、ノーベル賞受賞に至ったのは、多くの人の支えによってなしえたという謙虚な気持ちでした。天は私を使って人類にＧＦＰを与えたとも話されていました。興味のあることに邁進し、やり遂げることができたら、大きな幸せを得ることができるのでしょう。

それでは、日常生活で私たちはどのようなときに幸せを感じているでしょうか。親しい人と美味しい食事を楽しむとき、一家団欒のひととき、週末に好きな趣味を楽しんでいるとき、大きな仕事をやり遂げたとき、野球やサッカーの試合でひいきのチームが勝利して熱狂しているとき、お風呂上がりにリラックスしてお酒を楽しむとき、たっぷり睡眠を取ったとき、自分や家族・親しい人にとって嬉しいイベント（試験合格等）があったとき等など、色々な場面が想像できます。

私の場合は、価値観を共有できる仲間と美味しい食事をしながらお酒を交わす時に幸せを感じます。これらの幸せは、忙しい日々の中で頑張ってきた自分にピンポイントで現れるご褒美なのではないでしょうか。好きなだけ食べたいものを食べ続けたら、肥満になり生活習慣病に悩まされることになります。好きな趣味に没頭して仕事をおろそかにすれば、会社での立場が悪くなりストレスフルな状態に追い込まれ、病気になってしまうかもしれません。何事もバランスが重要です。すなわち、やらなければならないこととやりたいこととのバランスが重要になります。やらなければならないことがあるからこそ、やりたいことが輝きを増すのでしょう。

私はビートルズ、ジョン・レノン、ニール・ヤングが大好きです。大好きな音楽を聴くのも良いですが、自分で演奏するともっと楽しいし、仲間とバンドで演奏すると、より楽しいです。しかし、うまくギターを弾いて、うまく歌えないと面白くありません。うまくギターを弾いて、うまく歌えるようになるには地道な努力が必要で、努力の先に幸せの瞬間が待ち構えているのでしょう。

私は山登りをしませんが、5合目まで車で行って、幸せを感じる人もいるかもしれませんが、自分の足で山の頂上まで行った人には、そこへ行った人しか感じることのできない景色があるに違いありません。頂上に行った人にしか味わえない幸せがそこにあるはずです。アスリートの世界もトップレベルの選手しか味わえない幸せがあるのでしょう。

NHKの「イチロー特番」で、現役のイチロー氏が話していたことが印象に残っています。「子どもから野球は楽しいか?と聞かれたら、決して楽しいとは言えない。メジャーという最高の舞台で野球をやっている以上、ベストパフォーマンスを出さなくではいけない。決して楽しいことでない」という趣旨のことを語っていました。目の前のことに真剣に丁寧に向き合って、ベストパフォーマンスを出せるように日々努力することが、達成感とともにその先のご褒美を享受することになるのでしょう。

生き甲斐について③　志こそすべて

小さな志でもよい、それが達成したら、もう少し大きい志を目指せばよい

「志を腐らせない」ことの重要さを胸に刻みたいと思う出来事がありました。それは作家・古典研究家の守屋淳氏の「渋沢栄一と『論語と算盤』に学ぶ」という講演を拝聴する機会を得た時でした（新潟大学歯学部同窓会50周年記念講演会、2022年7月17日）。

渋沢栄一は、明治から大正、昭和にかけて約500の会社、600の社会事業に関わった近代日本資本主義の父というべき人物であり、2024年からの新1万円札の顔となることで一躍脚光を浴びました。NHK大河ドラマ「青天を衝け」の主人公であったことも

記憶に新しいところです。講演を通して、時代背景（世界史）を学び、渋沢栄一と「論語と算盤」を深く、正確に理解することができました。

当時、ヨーロッパが世界の中心であり、欧米以外の世界の主要地域は近代化＝西欧化せざるを得なくなり、植民地を選択するか、ヨーロッパを模倣して近代化を目指すかの二者択一を迫られたことを、日本企業が技術力に遥かに優る海外企業の進出に対して、条件の悪い下請けになるか技術を模倣して対抗するのかの例え話で解説頂きました。日本だけが後者を選択し、それは渋沢栄一あってこそ実現しえたものでした。

栄一は、近代化には政治改革だけでなく経済力の重要性に気づき、金融とインフラの整備、人材育成を目指します。フランス渡航をして信用で回す経済を学んだことが基盤になっていますが、吉沢亮さんが主演したNHK大河ドラマの映像がダブり、リアリティをもって拝聴できました。栄一は公益のために資本や人材を集結して事業を営む合本主義を唱えたわけですが、社会は複雑で矛盾だらけ、利益追求に邁進する企業家も許容し、協調と競争の絶妙なバランスを追い求めたところに栄一の器の大きさを感じました。モラルや大義、公益に反することも排除せず、許容して社会の利益に繋がる可能性を探る方略は、今の世の中でも大いに参考になるものです。

日本を強く繁栄させたいという志を生涯腐らせなかったのが栄一の偉業の原動力です。今の時代に大きな志をもつことは難しいかもしれませんが、小さな志でもよい、それを達成したら、もう少し大きい志を目指せばよいという守屋氏の最後のメッセージを受け、それなら自分にもできると思いました。

現在、世界が自国中心に傾き、大きく揺れ動いていますが、欧米や中国で渋沢栄一の考えが注目を浴びているそうです。強欲な経済・経営の行き詰まりやモラルなき資本主義の解決策を渋沢栄一に求めているのです。ここに幸せのヒントがありそうです。

栄一に学び自国（自分）だけでなく、世界（皆）を繁栄させたいという志に繋がることを願いたいものです。それには、私たち一人一人が同じ志をもつことが重要なのでしょう。そして、その志を腐らせることなく継続すればご機嫌な未来が見えてくるに違いないと思います。

生き甲斐について④　ミッション

目の前の仕事を真剣に丁寧に行うことで、いつの間にか目の前の仕事がミッションとなる

やらなければならないことと やりたいことを同時に実現する方略がミッションです。村上世彰氏の言葉を借りるなら、仕事をするうえでとても大切なこと。それは仕事を通じて自分自身の「ミッション」を見つけられるかどうか、ということです（村上世彰著「いま君に伝えたいお金の話」［幻冬舎、2018年］より引用）。

ミッションとは、やり遂げられるか分からないほど難しいことだけれど、人生を賭けてチャレンジしたいこと。他の誰かではなくて、自分がやらなくてはいけないと思うものです。生きる意味や目的に置き換えることができます。ミッションは、働くモチベーションになり、また、生き甲斐になります。自分のやりたいことがミッションになる可能性は低いかもしれませんが、目の前の仕事が自分のミッションと感じられるようになることは

多々あります。

「若い時の苦労は買ってでもせよ」とか「鉄は熱いうちに打て」という言葉があるように、若い時の努力・経験は自分の財産になります。学生の立場で言うならば、学生の時に身につけた知識と技術の質と量、勉学に対する姿勢、すなわち取り組み方・考え方がその後の人格・キャリア形成に大きな意味を持つことになります。

若い人にはミッションを意識するのが難しいかもしれません。まずは、自分のロールモデルを探すのが良いでしょう。ロールモデルとは、自分がそうなりたいと思えるような行動や考え方などのお手本となるような人物のことです。そして、ロールモデルと自分とを比較して、類似点、相違点、何故それができるようになったのか因果関係を考えることが重要です。林修氏の言う類似（二つの似ている点を探す）・対比（二つの違いを探す）・因果（原因と結果を明らかにする）の考え方です。まずは自己分析をして、自分がそうなりたい人と同じことができるようになるために自分に足りないものを洗い出し、どうしたらその能力を得ることができるのか方略を考えることです。

目標をもって日々努力を継続していくと、いつしか理想の自分がロールモデルになっていることに気づきます。稲盛和夫氏の言葉を借りるなら「人生・仕事の結果＝考え方×熱意×能力」です。稲盛和夫著「働き方―『なぜ働くのか』『いかに働くのか』」（三笠書房、２００９年）は、結果が思うように出ず、長いものに巻かれなければいけないか、と思い始めた矢先に出会った著です。「結果が出ないのは努力が足りないだけ」という稲盛氏の言葉に、目の前のモヤモヤがサッと消え去りました。

自分の人生を振り返ると、目の前の仕事を真剣に丁寧に行うことで、いつの間にか目の前の仕事がミッションとなっていることに気がつきます。「縁が人生を発展させる」の項で述べた藤田恒夫名誉教授（新潟大学）からは、人生の節目である40歳の時に「今興味があることを、他の誰かでなく、君でしかできないやり方で突き進めば良い」とアドバイスを頂きました。やらなければならないこととやりたいことの融合です。

その後、20年以上にわたり突き進んできたわけですが、定年時にはミッションがリセットされることになります。定年後は、自分の経験と能力を最大限に活かし、社会に貢献できるミッションを模索することになります。心臓の寿命が１２０年であることを述べましたが、心臓の寿命を全うするのは無理だとしても、還暦を過ぎた人生の後半戦に第二のミッションを行う時間は十分に残されているようです。

生き甲斐について⑤　人生を成功に導く上で重要な能力

やり抜くということがそもそも才能の一部であり、やり抜くことができないということは才能がないということだ

人生を成功に導くうえで重要だと考えられている能力にやり抜く力と自制心があります。非常に遠い先にあるゴールに向けて、興味を失わず、努力し続けることができる気質がやり抜く力であり、何かを繰り返し継続的に行うことで向上するのが自制心です（中室牧子著「『学力』の経済学」［ディスカヴァー・トゥエンティワン、２０１５年］より引用）。

研究者にとって、最後までやり抜く力、諦めない心は極めて重要です。アメリカのアカデミズムに「Publish or Perish（出版せよ、そうでなければ消えてしまいなさい）」という格言があります。研究はその成果としての論文や本の出版を伴います。研究者は、出版することで、社会に研究成果を還元する義務を負っています。論文や本を出版（Publish）

しない教員は、現場からの「消滅・退場（Perish）」に値するという意味です。
また、Michael Faraday（１７９１〜１９８７年）の「Work, Finish, Publish（はたらき、まとめ、出版せよ）」という格言は、出版まで至って初めて研究だということを自覚させるものです。大学の教員を見回してみて、研究をしていない人を見つけるのは難しいかもしれませんが、自分の力で論文を書かない（書けない）教員を見つけることは難しくないのではないでしょうか。

今の大学教員は忙しい。職位が上がれば忙しさに拍車がかかります。そのような環境の中で、自分の力で論文を書き続けるためには、目の前の忙しさに追われるだけでなく、論文を書くという強い気持ちが必要になるのです。研究業績のある人は自分の業績に興味がある人で、常に論文がPublishされないことに危機感を抱いています。研究業績のない人は、日々の忙しさを研究ができない、論文を書けない理由にしている人です。

論文を１本書き上げるのは多大なエネルギーを要します。研究者は自分のキャリアの中で論文を書き続ける使命を負っており、それに対する自覚と強い気持ちが必要となります。若手研究者の皆さんには、論文を書き続けるという強い気持ちを持ち続けてほしいと思うし、それができない人はもう一度自分の研究者としての適性を見つめ直すことも必要ではないでしょうか。

論文が完成したとしても、論文投稿後の道のりも長いです。それは、投稿論文はジャーナルの査読をクリアする必要があるからです。ジャーナルレベル（ジャーナルレベルの指標はないが、Impact Factor（学術論文の引用数から算出した学術雑誌の質を計測する指標）が一つの指標になることがある）が上がれば上がるほど査読が厳しいものとなります。最近は、ジャーナルレベルに関わりなく、査読が厳しい（査読者が高いレベルの要求をする）傾向があるので、論文をReject（却下）される確率は高いです。Rejectと言っても色々なレベルがあり、査読に回らない門前払いのRejectもあれば、査読者のコメントが付いたReject（さらに、再投稿を否定するものと否定しないもの）、Reject & Resubmission（却下後再投稿）という再投稿を前提としたRejectまであります。

ここで重要なのは、査読者のコメントが得られるかどうかです。門前払いとは、論文の質が低すぎる場合とジャーナルのScope（ジャーナルがカバーする研究範囲）がミスマッチの場合です。とにかく、自分の研究にマッチしたジャーナルを選び、査読を受けられるレベルの論文に仕上げることが肝要です。査読者のコメントがどんなに厳しくても、逆にコメントをクリアできれば論文がAccept（受理）されることになります。私は過去に何本も同じジャーナルでReject論文をAccept論文まで持っていった実績があります。ジャーナルレベルを下げて再投稿するのは簡単ですが、しつこいくらいに論文のRevision（改訂版）を投稿し続ける「諦めない心」は重要です。

イチロー氏は、「やり抜くということがそもそも才能の一部である。アスリートの世界でも、例えばあいつは怪我や病気さえしなければいい選手だったのにとか言われるけれど、それが才能だ。やり抜くことができないということは才能がないということだ。自分の経験から得たもの、肌感覚で得た経験というのは、すごく強いと思う。」（「勝たなきゃ意味がないなんて詭弁だ」イチローが考える〝個〟の重要性、2020年8月7日、https://www.orix.co.jp/grp/move_on/entry/2020/08/07/100000）とやり抜くことの重要性とまずはやってみることの意味を述べています。

テーマ深掘り・生き甲斐と成功の関係性

考察① 仕事のできる人とは？

自分の仕事に向き合い、やらなければならないことの優先順位をつける必要がある

ある講演で、仕事のできる人の条件は、「最終プロダクトがイメージできる人、〆切を守る人、優先順位を決められる人」であると聞き、なるほどと納得したことがあります。それでは、研究者にとって一番重要な論文を書ける人はどういう人か。私は論文の最終形がイメージでき、論文を書くことの優先順位を上げられる人であると考えます。

先に述べたように、幸せとは、不幸せの状況を回避し、やらなければならないことをミッションとして捉え、できることの輪を広げ、やりたいことを実現することです。他の誰かではなく、自分がやらなければならないことがミッションです。まず、自分のミッションが何なのか考える必要があります。教育・研究者としてのミッションは教育と研究

が中心になりますが、それぞれの職種でやらなければならないことを具体的に箇条書きにして、さらに優先順位をつけることができるでしょう。当然、一人の人間がすべてのやらなければならないことを実践することは不可能なので、組織としてミッションを達成するために、チームワークは極めて重要になります。歯車一つ一つが機能して、初めて時計の針が動くように、誰かがサボっていては時計の針を進めることはできません。

姜尚中名誉教授（東京大学）によれば、バブル崩壊後 学歴社会モデル の枠組みが壊れ、個人経歴モデル が主流になっています（姜尚中著「逆境からの仕事学」［NHK出版新書、2016年］より引用）。企業が求めるのは、主体的にものごとを考え、あらゆる場面に柔軟に対応し、自らの活動をコーディネートできる能力を持った人材です。学生は社会に出る前に、そして社会に出てからも自らのパフォーマンスに磨きをかけて自分の商品価値を上げる必要があります。やらなければならないことを実践するためには、自らのパフォーマンスに磨きをかけるのは怠ってはいけないことなのでしょう。

今井眞一郎教授（米国ワシントン大学）は、研究指導者として重要なことは、何から始めたら良いのか優先順位を決めること（prioritization）、自分の言葉で何が重要か伝えること（communication）、やるべきことを整理して考えること（organization）が重要であると述べています（新潟大学特別講義「世界にはばたく国際交流セミナー」２０２２年11月９日）。研究だけでなく、ビジネス一般にも応用できることが分かります。

目の前の仕事の忙しさを理由にして、やらなければならないことを後回しにしていないか、今一度自分を見つめ直すことが必要です。研究者にとっては、論文を出版することがやらなければならないことです。しかし、論文出版には〆切があるわけではないので、後回しにしがちです。今一度、自分の仕事に向き合い、やらなければならないことを整理する必要があるのでしょう。

考察② やらない自分とやる自分

能力、許容力の限界だと自分の可能性に蓋をするのではなく、とにかくやってみる姿勢が必要

「人間には二種類いる。やりたいことをやっちゃう奴とやらない奴。やりたいことをやっちゃう人生の方が、間違いなく面白い」とは、車のCMでの矢沢永吉氏の印象的な言葉です。日々の生活の中で自分に降りかかる出来事（それは仕事かもしれないし、遊びかもしれない）を受けるかどうか選択を迫られる場面があります。ここで重要なのは一歩前に踏み出す勇気であると思います。私はその節目で、ポジティブな選択をしてきました。例えば、学会や学内外の委員会の仕事、講演や講義の依頼、共同研究や学会参加の誘いなど二つ返事で受けてきました。やりたいことをやっちゃうのとは多少意味が違うと思いますが、自分に降りかかる出来事をポジティブに受けることで、確実に世界が広がり、自分を成長させてきたのは事実です。

現実に目を向けると、新しい仕事を受けることは自分の負担になるのは容易に想像がつきます。できれば受け入れたくないという気持ちがネガティブな選択に駆り立てるかもしれません。しかし、火事場の馬鹿力という言葉があるように、人間の能力の限界は自分が思っているところよりかなり高い所にあると思います。能力、許容力の限界だと自分の可能性に蓋をするのではなく、とにかくやってみるという姿勢は若手研究者には必要なことではないでしょうか。人間の成長には多少の無理を受け入れる必要があると思います。

私の人生を振り返ると、ポジティブな選択をしたときには、多くの場合ポジティブな結果を生んできたと思います。そして、振り返って見ると、階段を二段も三段も上っている自分に気がつくのです。若者の皆さんには、是非 一歩前に踏み出す勇気をもってもらいたいと思います。

ジェームズ・アレンの言葉を再度引用します。「人間は、もし成功を願うならば、それ相当の自己犠牲を払わなくてはなりません。大きな成功を願うならば、大きな自己犠牲を、このうえなく大きな成功を願うならば、このうえなく大きな自己犠牲をはらわなくてはならないのです。」（ジェームズ・アレン研究機構編「ジェームズ・アレンの自分を幸せに導く方法」［2012年］）。

遊んだり、趣味を楽しみたいといった、自分の気持ちを抑えた自己犠牲は、ものごとを成功させていくためには必要なステップです。すべての出来事には「原因」があるから「結果」がある。だから、結果を冷静に見つめることによって、その原因を理解することができるのです。良い考えと行いは、良い結果をもたらし、悪い考えと行いは悪い結果をもたらします。自分自身の力強い人生をスタートさせるには、ネガティブな否定的な心を

メタ認知とは

メタ認知とは、認識過程が分かっている認知の対象あるいはデータとの関連で、通常は何らかの具体的な目標や目的に向かって認知過程を積極的にモニターし、その結果として認知過程を調整し、編成することを指している。

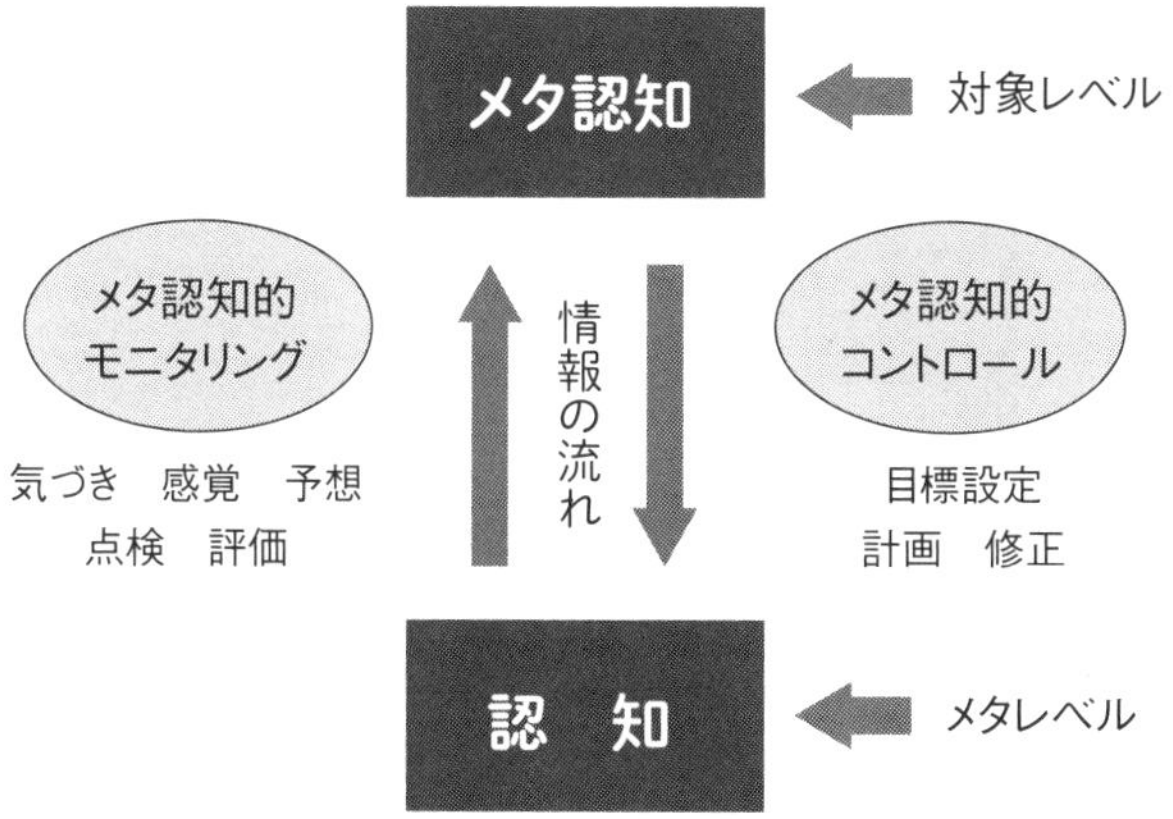

図17　メタ認知

高次な次元から事象を客観的に検証し修正する力がメタ認知である。気づき、感覚、予想、点検、評価がメタ認知的モニタリングで、目標設定や計画を立案・修正するのがメタ認知的コントロールである。

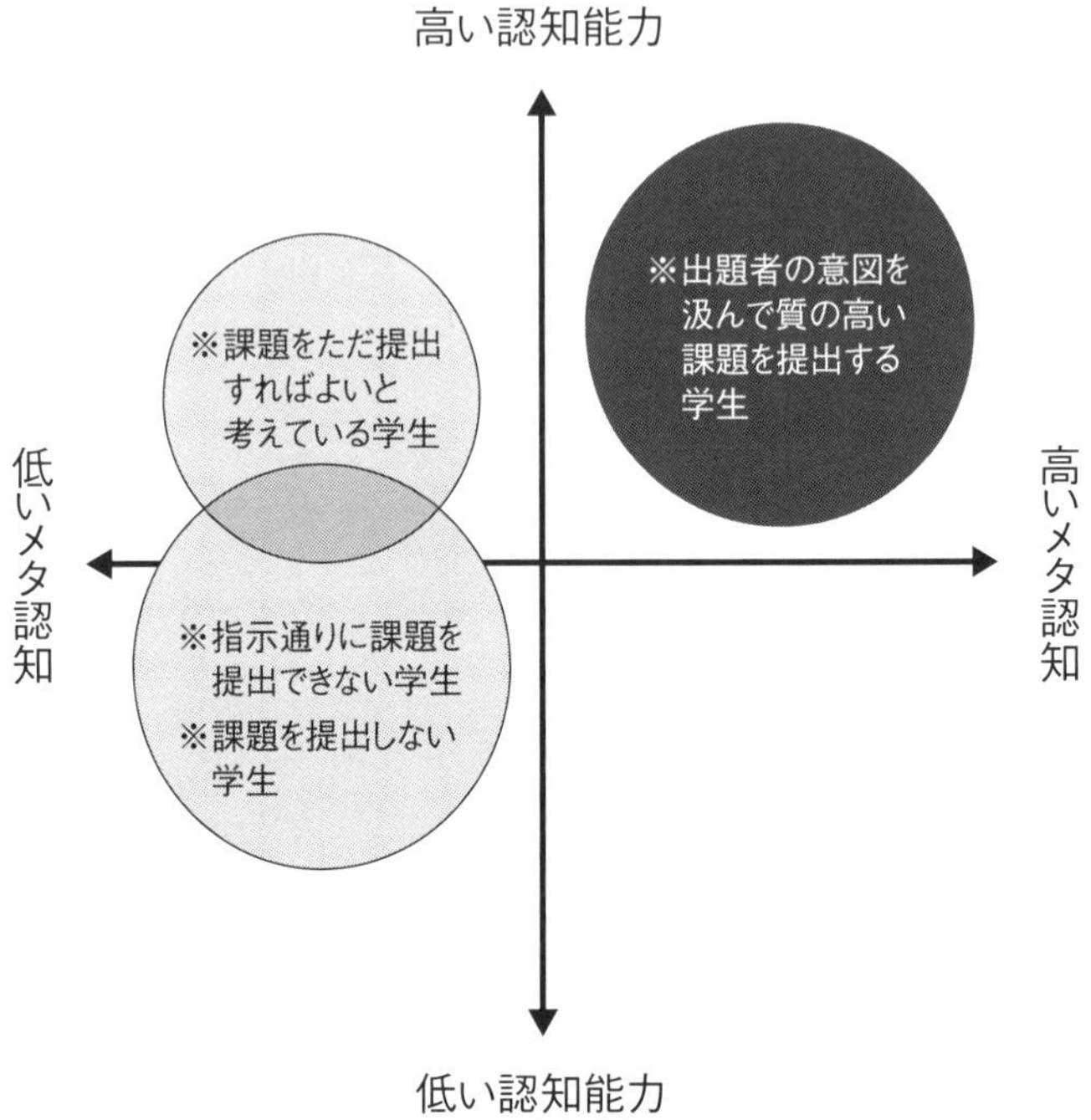

図18　メタ認知と認知能力のマトリックス

学生に課題を出すと、指示通りに課題を提出できない人、指示通りに課題を提出できる人、出題者の意図を汲み指示以上の課題を提出する人の三つに分かれる。

ポジティブな前向きの心に変えていくことから始めることが肝要です。結果から、本質的な原因を見極められれば、自分の間違いに気づき、自分を変えることができ、状況や出来事に振り回されないで穏やかな心でいられます。

考察③　メタ認知

高次な次元から事象を客観的に検証し修正する力がメタ認知であり、目の前の仕事に真剣に、そして丁寧に向き合えば、メタ認知力は向上する

メタ認知とは、認識過程が分かっている認知の対象あるいはデータとの関連で、通常は何らかの具体的な目標や目的に向かって認知過程を積極的にモニターし、その結果として認知過程を調整し、編成することを指しています（Flavell、１９７６年）。メタ認知とは、一言で言うと、認知についての認知です。高次な次元から事象を客観的に検証し修正する力がメタ認知です。マニュアルに従いある課題を行う場合、やりながら、気づき、感覚、予想、点検、評価を行うことがありますが、これはメタ認知的モニタリングといいます。

そして、ただ単にマニュアルに従うだけでなく、目標設定や計画を立案・修正するのがメタ認知的コントロールです（三宮真智子著「メタ認知　あなたの頭はもっとよくなる」［中央新書ラクレ、２０２２年］より引用）（図17）。

メタ認知の高い人は、より高次の志をもつことができます。自分の利益にとらわれず、より高次な利益のために行動した勝海舟、渋沢栄一、稲盛和夫などは極めて「メタ認知」の高い人であると言えるでしょう。学生に課題を出すと、指示通りに課題を提出できない人、指示通りに課題を提出できる人、出題者の意図を汲み指示以上の課題を提出する人の三つに分かれます（図18）。大学入学時に既に学生間でメタ認知力に大きな開きがあるのです。メタ認知力の高い人は、仕事にポジティブに向き合うので、自ずと良いプロダクトを提供できるようになります。

デフォルト（基本的な状態）のメタ認知力は遺伝で決まっているのかもしれませんが、目の前の仕事に真剣に、そして丁寧に向き合えば、メタ認知力は向上するものであると考えます。研究の世界でいえば、よりシンプルな実験系の方が再現性の高い良い実験系です。研究目的を実証するために最適な実験系を確立する能力はメタ認知力です。そのためには、過去の研究における実験系など情報収集することが前提ですが、経験者からの適切な助言は欠かせません。過去に誰もやったことがない実験系であれば、トライアル&エラーで進めるしかありません。気づき、感覚、予想、点検、評価を繰り返し、理想の実験系に近づく努力をする必要があります。状況によっては、目標設定や計画を修正することも求められます。誰もやったことのない実験系であれば、達成されたときのその意義は高いものとなります。結果には必ず原因があります。ここでも、類似・対比・因果の視点で、実験系に磨きをかけていくことになります。この考え方・実践方法は、研究に限らず、多くのことに応用可能であると考えます。

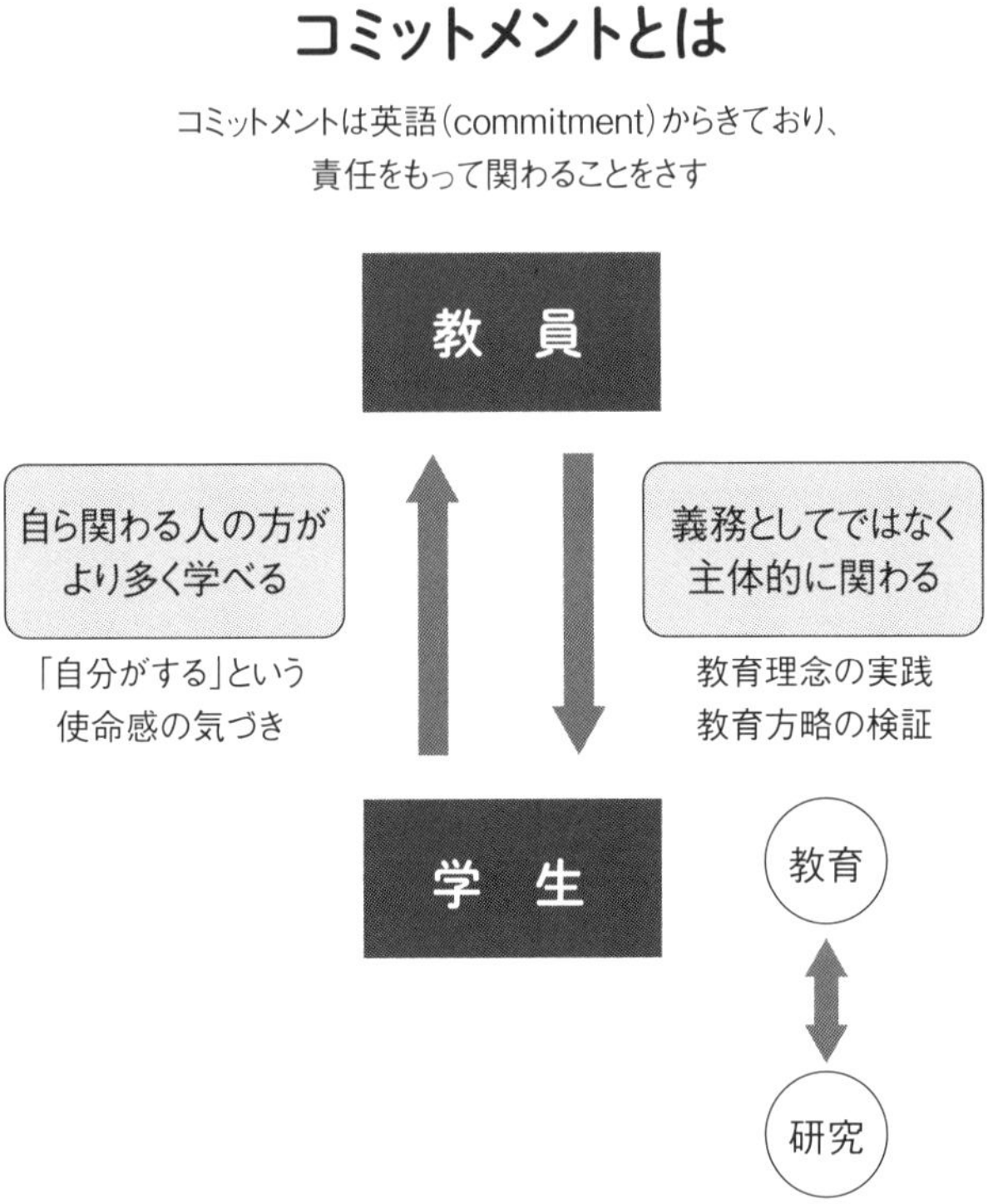

図19　コミットメント

自ら関わることがコミットメントである。学生の立場では、自ら関わる人の方がより多く学べる（主体性の育成）のは 自分がする という使命感の気づきである。教員の立場では、義務としてではなく主体的に関わることがコミットメントである。教育でいうと、教員と学生の相互方向のコミットメントが重要になる。

考察④　コミットメント

主体的にものごとを考え行動することがコミットメントであり、自分の人間的な成長に繋がる

コミットメント（commitment）は英語からきており、関わりあうこと、ゆだねること、委託、委任、言質《げんち》を与えること、公約、誓約、約束などを意味します。つまり、責任をもって関わること、責任をもって関わることを明言すること、責任を伴う約束を指します（「三省堂WORD WISE WEB」より引用）。一言で言うと、自ら関わることがコミットメントです。

学生の立場では、自ら関わる人の方がより多く学べる（主体性の育成）のは自分がするという使命感の気づきです。教員の立場では、義務としてではなく主体的に関わることがコミットメントです。教育でいうと、教員と学生の相互方向のコミットメントが重要になります。教員は教育理念を実践し、教育方略を検証し、日々教育の改善に努めるのが理想の形です（図19）。

学問とは教わるものではなく学ぶもの。もっといえば、学びかつ問うもの。また、物事を特にそれと意識し、分析するのではなく、それ以前にある種の感動をもち、ある印象をもち、心を動かされること、すなわち感受性を育むことも重要です（佐伯啓思著「学問の力」［ちくま文庫、２０１４年］より引用）。

研究を通してセレンディピティ（素敵な偶然に出会ったり、予想外のものを発見すること）に遭遇するためには、研究者としての感受性を磨くことが必要条件です。自分の研究分野を超えて、興味を広げることは、自分の研究の幅を広げることとなります。学内で開催されるセミナーに積極的に参加することも一つの方法です。若手研究者の皆さんには、分野を超えて様々な研究者に触れ、研究者としての見識を広げてほしいと思います。

姜尚中名誉教授が述べているように、社会で求められている人材は、主体的にものごとを考え、あらゆる場面で柔軟に対応し、自らの活動をコーディネートできる能力を持った人です。主体的にものごとを考え、行動することが、コミットメントです。コミットメントすることは、自分のリソースを多く費やすことになり、自分の自由な時間に制約をかけるかもしれません。しかしながら、それとは引き換えに、自分の人間的な成長に繋がります。また、様々な経験を通して、あらゆる場面で柔軟に対応できる能力に磨きをかけることになるのです。

【生き甲斐の実証実験】目標をもつこと

成功するためには、自分が何を知りたいか？何を見つけたいか？何を示したいか？を考えることが重要

ノーベル生理学・医学賞を受賞した山中伸弥教授（京都大学）は、研究者として成功するにはビジョンとハードワーク、つまり目標をはっきり持ち、一生懸命やることであると述べています。研究は方法論が先行する場合がありますが、本来はまず、自分が何を知りたいか？何を見つけたいか？何を示したいか？を考えることが重要です。目的のない研究は、研究のための研究、論文のための研究になります。論文を投稿すると、査読者から

「おまえの論文はRationaleがはっきりしない！」と批判されることがあります。Rationaleとは理論的根拠の意ですが、何故その研究をする必要性があるのか？その研究をすると何か良いことがあるのか？ということが批判されているのです。

Paul K. Nakane先生（元カリフォルニア・ポリテクニック州立大学教授）の言葉を借りるのなら、「科学とは、自然現象を観察して、その現象の機構を問う、その回答を得るに仮説を立て、その正否を実験で証明し、その結果を公表するという過程である。徹底した情報取得と得られた情報の信頼性の評価が科学的方法の活用の必要条件である。仮説と実験との間には密接な相互関係があり、実験的に立証不可能な仮説は空想であると言える」（第122回日本解剖学会総会・全国学術集会、2017年3月29日）という理解が重要になります。

この「仮説」を立証する方法論は非常に重要になります。研究において、解決手段を考えることは極めて難しいことです。公式を多く知っている人が数学の難問を解くことができるのと同じように、研究手法を多くもっている研究者ほど問題解決能力が高くなります。解決する方法論が存在しない場合は、新しい方法論を確立する必要があります。Nakane

先生は、新しい方法論を開発し、研究の進展に大きく貢献したパイオニアでした。研究者の方法論の多くは、大学院生時代に身につける場合が多く、大学院生時代に身につけた方法論は、その研究者の大きな武器になり、その後の研究の問題解決能力に大きく貢献することになります。「鉄は熱いうちに打て」というように、若い時期にできるだけ多くの研究手法を身につけることを勧めます。

スケジュール管理

ストレスなく仕事をする解決策は、誰にも邪魔されない時間をつくること、やらなければならないことをスケジューリングすることである

人はスケジュールで管理されているのは、疑いのない事実です。授業・会議・研修・実験の予定、原稿〆切、論文査読、学会出張などの仕事だけでなく、アポイント、会食、飲み会などのプライベートまで公私共にスケジュールで縛られています。目の前のスケジュールに忙殺されて、〆切のない論文執筆のような創造性の高い仕事は空いた時間に回されます。研究者として自立していない大学院生との論文執筆活動はストレスのかかる共同作業です。校閲すべき大学院生が書いた論文は完成形にほど遠く、その先の自分の苦労を考えると気後れがして、手をつけないまま机の上に積み重ねたままになり、一週間、一ヶ月と放置してしまいます。学位審査という決定的な〆切に間に合うように気力を振り絞って完結させるという日々を送っていました。どうしたらストレスなく論文を書く時間をつくれるのかを思案した結果、私が辿り着いた解決策は次の二つです。誰にも邪魔されない時間をつくることと論文執筆をスケジューリングすることです。

一つめは、自分の生活習慣のリズムを変え、90分早く起き、7時~8時半の時間帯に誰にも邪魔されない時間をつくりました。元々週に1回、授業の開始前の7時20分~8時20分に学生と一緒に朝食を食べながら英語を読む会を実施していました。これは、私のメンターであった藤田恒夫名誉教授が、ドイツ風の朝食を食べながらドイツ語を読む会をやっていたのを真似たものです。お陰で、会に参加した学生の中から私の研究室の大学院に進学する者もでました。話を戻しますが、本読み会の生活リズムを他の曜日に応用するだけなので、他人が寝ている間に90分の時間をつくることは容易にできました。朝は誰にも邪魔されない自分だけの時間をつくるのには格好のタイミングです。自分のやらなければならないことや やりたいことなど、自由にプラニングできるので、とても貴重な楽しい時間帯です。

二つめは、論文の筆頭著者と毎週1時間のアポイントを取り、二人で論文執筆を行うのです。この方略は見事にはまって、論文執筆の時間確保問題が解決されました。どんなに忙しくても、週に1時間であれば、予定を調整できます。論文執筆活動がストレスなくできるようになった瞬間です。論文のイロハを知らない初めて論文を執筆する大学院生は、最初はただ私の作業を見ているだけです。次回までの課題を大学院生に与えますが、あくまでも任意とすることで、互いにストレスなく作業を進めることができます。その大学院生の能力ややる気に合わせたペースで、やって見せる、やり方を教える、その通りにやらせるようにレベルアップしていきます。

大学院生によっては3本目の論文を執筆する時には、初めて持参する論文が形になっている者もおり、学生の成長を実感することになります。指導者として、喜びを感じる瞬間です。この方法は、自分自身の実力も大学院生に曝け出すことにもなります。指導者も、ありのままの自分を曝け出し、自己受容することで、大学院生と一緒に成長できるわけです。

現在、あらゆる予定をパソコンのカレンダーに書き込んでいるので、カレンダーがスケジュールで溢れています。スケジュールを可視化することによって、自分のやらなければならない事をトータルにマネージメントすることが可能になったのです。

ワークライフバランスを考える

ワークライフバランスは自分のライフスタイルに合わせた時間軸で考える必要がある

仕事にやりがいを見出しながら社会の一員として働く時間と、子育てや介護、自身を高めるために必要なプライベートな時間のどちらも充実した生き方を実現することが、ワークライフバランスの意味であり目的となります。ワークライフバランスはある一時期だけにフォーカスするのではなく、一生のスパンで考えることが必要ではないでしょうか。ある時期は寝食忘れて仕事に没頭することも必要です。「若い時の苦労は買ってでもせよ」

とか「鉄は熱いうちに打て」という言葉があるように、若い時の努力・経験は自分の財産になります。

幸せになるためには、やらなければならないこととやりたいことのバランスをどう取るかが重要です。週末の趣味など自分を高めるために必要なプライベートな活動のための時間をつくるためにやらなければならないことを手際よくこなし、週末の予定に支障がないようにする必要があります。しかし、仕事の段取りを調節することが難しく、週末の趣味の時間を犠牲にするかもしれません。その際は、やりたいことが今やらなければならないのか、客観的に考える必要があります。

仕事に情熱をもって対処していると、仕事自体が生き甲斐になることもあります。そこのバランスは本人の課題になります。仕事で成果を残すと、裁量が大きくなり仕事での良い環境を構築することができるかもしれません。結果として、やりたいことの時間を以前にまして確保できるのかもしれません。子育てや介護の場合は、やらなければならないことと同士のせめぎ合いになるので、バランスを取ることが難しいことが予想されます。仕事よりも子育てや介護を優先せざるを得なくなるでしょう。

人生100年と考えると、定年までの第一ステージでのやりたいことは抑え気味にしてやらなければならないことに集中するのも一つの方法です。ひょっとしたら逆もあるのかもしれませんが。いずれにしろ、定年後の第二ステージの時間軸を延ばすために、第一ステージでは、第二ステージで活躍できるような肉体的・精神的・社会的に健康な体づくりが重要なのではないでしょうか。私は、第一ステージは仕事に追い立てられる今の環境を受容することにしましたので、定年まではこれまで通りのペースで全力疾走するつもりです。仕事に追い立てられるからこそ、達成感、ご褒美を実感できるのも事実です。ワークライフバランスは自分のライフスタイルに合わせた時間軸で考える必要があるのです。

環境は自分でつくる

やりたいことを実現するためには、自分のキャリアデザインをメタ認知することが重要

将来研究者として生活したいと思うのならば、その環境は自分でつくる必要があります。

私は現在、歯学部で肉眼解剖学教育を担当しており、人体解剖学実習も含まれます。肉眼解剖学教育は教育負担も大きく体力的にも精神的にも大変な授業科目です。このことは逆に、自分の存在意義を明確なものとしてくれるとともに自分の強みとなります。若手研究者には、積極的に教育実績を積み、自分の強みをつくってほしいと思います。好きな研究をやるためには、まずはポストを取ることが重要です。

さらに、研究と教育は表裏一体なので、相乗効果も期待できます。研究成果を自分の教育の中に活かすことができるし、教育から研究のヒントを得る場合もあるからです。一面的な見方をすると自分にとってマイナスと思える環境が、高次な視点から見ると自分にプラスに働くことがあります。自分のキャリアデザインをメタ認知することが必要なのです。これは、研究以外でも同じです。その先に苦労が見えても、与えられた仕事に積極的に挑戦することで、自分にプラスになって返ってくる場合があります。そして、いつしか自分のミッションとして感じられるようになるかもしれません。

一方、与えられた環境の中で、自分の能力を活かすにはどうすれば良いかを考えることも重要です。若い人は、自分の置かれている環境と周囲の環境を比較して、恵まれているとかいないとか判断しがちです。環境に運・不運はつきものなので、恵まれない環境を憂うよりは、与えられた環境の中で何ができるかを考えるのがメタ認知です。そういう意味では、私が大学院生の頃と今の私の研究室の大学院生を比べると、今の大学院生は、指導面でも経済的サポート面でも大変恵まれています。私の置かれた環境だからこそ、私のやり抜く力やメタ認知力が育まれたのかもしれないと考えると、恵まれた環境が本当に良いのか疑問も湧いてきます。これも運命と因果応報の法則なのでしょう。

仲間をつくる

多くのコミュニティと関わることで、様々な人との邂逅を通して、人生の旅を楽しむことができる

Paul K. Nakane先生が指摘しているように、共同研究者間の開放された討論や助言は、各々研究者が直面した問題点の解消に貢献します（第122回日本解剖学会総会・全国学術集会、2017年3月29日）。私はフィンランドヘルシンキ大学Irma Thesleff教授のラ

ボに留学しましたが、その門下生が中心となって2001年に「歯の発生の会」を立ち上げました。歯の発生の会は、歯の発生生物学を研究テーマとしている研究者の集まりで、お互いのスキルアップと情報交換を目的としており、現在も継続しています。様々な分野の研究者が気軽に交流でき、会費不要の、上下関係のない自由な討論の場として、メーリングリストの設置を着想しました。毎年学会でシンポジウムを企画したり、オフミーティングを例会として行ったりしています。研究者間の開放された討論・助言の土台となっていて、国際学会などでメンバーと顔を合わせると心強い気持ちにさせてくれます。このような自由な討論や助言の環境は、研究者の成長に欠かせないものです。

様々な場面で、私たちの成長に欠かせない仲間と出会うチャンスがあります。職場での同僚も仲間であるし、学会活動等でも会議などを通して仲間ができます。これらの仲間は仕事を通しての仲間であるので、定年後にも関係性を持続できる仲間は少ないかもしれません。私のように、気の合う仲間と美味しい食事をして酒を交わすのに幸せを感じているとしたら、仕事以外の人的ネットワークを構築することは定年後の人生を考える上で重要だと思います。

家族とのネットワークが重要なことは触れるまでもないですが、小学校、中学校、高等学校、大学の同級生、クラブ活動のネットワーク、それに派生する同窓会、OB・OG会ネットワークも大切にしたいものです。高校時代の仲間と大好きなビートルズをバンド練習したり、同窓会が縁で学生とバンドを組んで演奏する機会を得られたりしたのも人的ネットワークのお陰です。最近、若い人の同窓会離れが起きています。一方、同窓会創設期の先輩方は、コミュニティを大切にしています。自分たちを支えてくれる同窓会組織も未熟で、お互い切磋琢磨・協力することが自らの成長に欠かせないことを感じていたのでしょう。若い人は、先輩方がつくり上げた道を苦労せずに普通に歩いて進むことができます。会費を払ってまで協力関係をつくる意味や意義を考えるチャンスがないのかもしれません。

家族やコミュニティは幸福感に大きな影響を及ぼしますが、現代社会では家族とコミュニティが破綻し、私たちは孤独感の深まる世界に暮らしていることを考えると、コミュニティの役割はこれまで以上に重要です。アドラーも、コミュニティに貢献すること、他者貢献で幸せを得ることができる、と指摘しています。多くのコミュニティと関わることで、様々な人との邂逅を通して、今まで想像もしなかった人生の旅を楽しむことができるのです。若い人には、そのチャンスを活かしてほしいと思います。同級生やクラブの仲間は同じ時間軸で価値観を共有できる財産であると思います。仲間はご機嫌な人生を送るためには、必須のピースなのです。

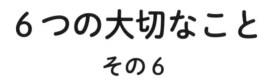

6つの大切なこと

その6

「お金」

お金について① 知っている人と知らない人

必要な情報を的確に入手し、それを活用する知識を有している人は、いくらでも経済的に有利な立場になれる

ピーター・F・ドラッカーの著書「ネクスト・ソサエティ」では、ネクスト・ソサエティは知識社会であると予言しています（ピーター・F・ドラッカー著・上田惇生訳「ネクスト・ソサエティ　歴史が見たことがない未来がはじまる」［ダイヤモンド社、2002年］）。知識社会においては、資本の役割を担うのは知識であり、知識の所有者は知識労働者です。また、生産手段も知識そのものです。この本は2002年に出版されたのですが、現在はまさに知識社会真っ只中です。知識社会では、必要な情報を的確に入手し、それを活用する知識を有している人は、いくらでも経済的に有利な立場になれることを意味します。

卑近な例ですが、新幹線を使う場合、ICカード乗車券付クレジットカードを使って

切符購入サービス予約するとチケットを3割引きで入手し、かつポイントまで貯まり、無料でホテルに泊まれてしまう。自由席より安い料金でグリーン車に乗ることができるのです。実は、世の中にはこのような特典が溢れています。知っている人と知らない人では、享受できる恩恵に格段の差ができるのです。

研究の世界でも若手や女性の研究者をエンカレッジする施策が多くあります。その施策に乗るか乗らないかで経済的立場が大きく変わります。学術振興会特別研究員は私の大学院生時代からあった制度です。大学院生に奨学金と研究奨励費が支給される制度です。将来研究するというビジョンがあるのなら、学部学生時代から研究環境について意識することも重要です。

私の研究室では、学部学生の時から研究を開始する学生がおり、大学院入学時に論文発表まで辿り着く学生もいます。特別研究員に応募する際に研究業績があると審査に有利に働きます。私の研究室で研究を開始する学部学生は、英語の本読み会に参加していた学生であることが多いです。習慣を変え、有志が参加する本読み会のような新しいコミュニティに踏み込み、人的ネットワークを広げていける人は、大きなチャンスをつかむことになります。

英語力の中でも読む力は一朝一夕に身につくものではありません。時間をかけて英文を正確に訳し理解する地道な作業の繰り返しが、英語力の向上のために必要になります。さらに、授業科目以外での教員と学生との接点は人材育成の有効な方略にもなっています。教員と学生がウィンウィンの関係を築き上げる方略だと言えます。学生の立場からいえば、興味のある事があったら、自らの意志で積極的に新しいコミュニティに参加してほしいものです。必要な情報を的確に入手し、それを活用するチャンスをつかむことができるのです。

運動能力や音楽など芸術的な才能だけでなく、知識社会で生きていくための知能もその多くは親からの遺伝です。病気や事故などの運命を思いどおりに操ることはできないですが、どうしようもないことの中でほぼ唯一、個人の努力で状況を改善できるものが、人生における経済的な土台です。利息のつかない銀行口座にお金を預けるか、投資信託を複利運用して資産を増やせるかの違いは、社会のしくみを知り、行動に移すか否かにかかっているのです。

お金について②　目先のご褒美と将来の利益

勉強や仕事の効率性を上げるためには、勉強や仕事の内容によって外的な動機づけと内的な動機づけを使い分ける必要がある

人は目先の利益が大きく見えてしまう性質があり、それ故に、遠い将来のことなら冷静に考えて賢い選択ができても、近い将来のことだと、たとえ小さくともすぐに得られる満足を大切にしてしまう。ある作業をして報酬を頂く場合、目の前の100万円と一年後の110万円のどちらを取るか?を問われたら、皆さんはどちらを取るでしょうか? 多くの人が目の前の100万円を選択するようです。100万円を元手に投資をして一年後に110万円以上の価値に増やそうとする人もいるかもしれないですが、多くの人は今のために100万円を使うのです。これを逆手にとって効率よく勉強や仕事をするモチベーションを上げることができそうです。

行動経済学者の実験で、単純作用では、お金による報酬はパフォーマンスを上げます

（中室牧子「教育に科学的根拠を：根拠のない仕事のための仕事からの脱却」文藝春秋カンファレンス：タイムパフォーマンス経営、２０２２年8月25日）。しかし、専門性や創造性、イノベーションを必要とする作業では、お金による報酬はかえってパフォーマンスを下げるようです。単純なルールと明確な答えがあるとき、報酬のような外的な動機づけが機能しますが、専門性や創造性、イノベーションを要求されるような仕事では内的な動機づけが重要になることを示しています。

勉強や仕事の効率性を上げるためには、勉強や仕事の内容によって外的な動機づけと内的な動機づけを使い分ける必要があります。また、その反応性は人によって大きく異なるでしょう。仕事の内容にかかわらず、メタ認知力の低い人には外的な動機づけが機能し、メタ認知力の高い人には外的な動機づけが機能しないことが予想されます。

「目の前にんじん」作戦は、子どもの教育にも応用できます。「テストで良い点を取ればご褒美」のアウトプットと「本を読んだらご褒美」のインプットでどちらが効果的か検証した実験があります。興味深いことに、学力テストの結果が良くなったのは、インプットにご褒美を与えた子どもたちだったのです。アウトプットにご褒美を与える場合には、どうすれば成績を上げられるのかという方法を教え、導いてくれる人が必要だったのです（中室牧子著『「学力」の経済学』〔ディスカヴァー・トゥエンティワン、2015年〕より引用）。

お金について③　FIREは幸せか？

FIRE実現を目的とするのでなく、その前に人生の目的をはっきり位置づける必要

経済的に自立し、早期リタイアを実現する「Financial Independence, Retire Early」をFIRE（ファイア）と呼びます。定年を待たず、なるべく早期にサラリーマン生活を終え、資産運用などを中心に生活していくライフプランのことです。ここで、FIREについて考えてみたいと思います。仕事は、生き甲斐に繋がり、やらなければならないことをできることに変える過程です。目の前の仕事を自分のミッションとすることができれば、人生の目的になります。資産運用は方略であって、FIRE実現を目的とするのでなく、

その前に人生の目的をはっきり位置づける必要があるのではないでしょうか。

資産運用そのものを人生の目的とすることも可能ですが、やらなければならないこととやりたいことのバランスが重要だと思います。現在充実した生活を楽しめていないことがFIREしたい理由だとしたら、どのようにしたら、充実した生活を楽しめるようになるのか考えてみてもよいのかもしれません。結果には必ず原因がある。FIREする前に、充実した生活を楽しめていない理由を考える必要があると思います。

やらなければならないことと できることの乖離が原因であれば、どうしたら良いのでしょう。できないことを できることに変えることができれば、今の生活を変えることができるのかもしれません。やりたいことの制約が原因であれば、やりたいことを実現する戦略が必要になります。やりたいことを実現するという目標をもつことができたら、今が充実した生活に変わると思います。原因と結果の法則を考えれば、現在の充実していない生活の原因を絞り出すことは可能でしょう。

いずれ定年を迎えれば、サラリーマン生活に終わりを告げなくてはなりません。会社を辞めるデメリットとしては、人的ネットワークが失われることがあげられます。会社というコミュニティから離れる前に、幸せホルモンを活性化するような人的ネットワークの構築は必須です。但し、経済的に自立することと自体は重要なことではあるのは事実です。いつでも会社を辞める覚悟と経済的自立が実現すれば、会社での精神的ストレスを避けることができるからです。その意味ではいつでもＦＩＲＥできる環境を実現することは、ご機嫌な人生を送るための方略（第一ステップ）と考えることは可能です。

【お金の実証実験】自分のお金をマネージメントする

財務三表を家庭の家計に利用すると、自分の収入と支出を管理するのに役立つ

収入の10～15％を貯蓄に回す倹約を続けていれば、５００万円の年収で40年働いたとして、単純計算で50万円×40年＝２０００万円で、老後２０００万円問題（金融庁の金融審議会による「老後20～30年間で約１３００万円～２０００万円が不足する」という試算を発端に物議を醸した「老後の資金形成」をめぐる問題）をクリアできます。

資産形成＝（収入－支出）＋（資産×運用利回り）なので、お金持ちになるには、①収

入を増やす、②支出を減らす、③運用利回りを上げるに集約されます。橘玲氏に従うと、①収入を増やす、②支出を減らす、③リスクを取る、④サラリーマンを辞めて起業する、⑤合法的に節税をする、⑥家計のバランスシートをつくって自分の資産と負債を管理する、のが金持ちになる方略です（橘玲著「新版　お金持ちになれる黄金の羽根の拾い方　知的人生設計のすすめ」［幻冬舎、２０１７年］より引用）。

元金１０００万円を10年間複利で運用した場合、利回り１％なら資産は１１００万円に、10％なら２６００万円になります。自分だけのニッチを見つけ、人的資本を最大化するスペシャル（専門）に特化し、会社に依存せずに市場から富を得るのが、知識社会に生きるということです。知識社会で生きていくためには、自分の収入と支出を管理することが必要です。会社を経営しているのであれば、会社にキャッシュ（現金）はどれくらいあるのか、借入金の金額はいくらか、売上高はいくらか、などの経営に欠かせない情報が必要になります。自社の状況を把握するだけでなく、取引先の信用性を見極めたり、投資先の判断をするのにも参照されるのが、会社の経営状況を定量的な分析・評価するために財務状況を表す財務三表です。賃借対照表（Ｂ／Ｓ）、損益計算書（Ｐ／Ｌ）、キャッシュ・フ

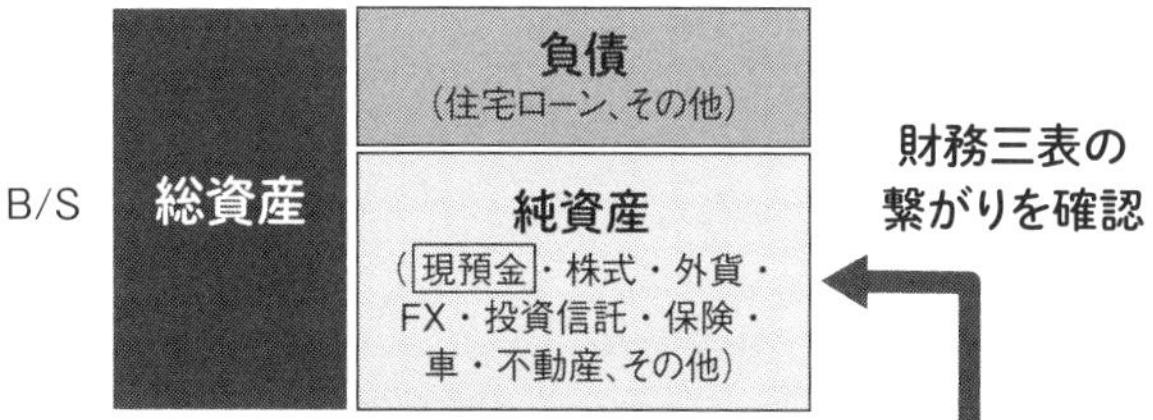

P/L

①収入	給与、その他
②消費	社会保険料、生命保険料、火災・地震保険料、電気、ガス、水道、電話、衣食住費用、医療費、その他
③浪費	外食、旅行、贅沢品、その他
④投資	教育費、ファイナンシャルスクール、ヨガ教室、ギター、その他
⑤税金	源泉徴収、所得税
⑥純利益	①−（②+③+④+⑤）

C/F計算書

①収入によるCF	純利益
②投資活動によるCF	株式売却益
③財務活動によるCF	ローン返済
④現金等の増加額	①+②−③
⑤現金等の期首残高	⑤
⑥現金等の期末残高	④+⑤

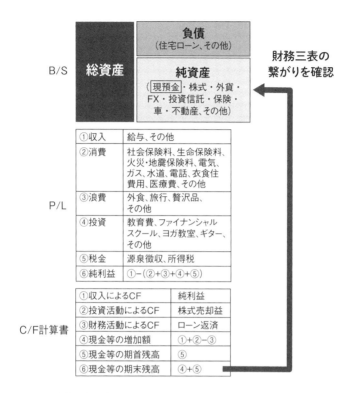

図20　財務三表の繋がり

賃借対照表（B/S）、損益計算書（P/L）、キャッシュ・フロー計算書（C/F計算書）の三つの財務三表を家庭の家計に利用すると、自分の収入と支出を管理するのに役立つ。

ロー計算書（C／F計算書）の三つになります。この財務三表を家庭の家計に利用すると、自分の収入と支出を管理にするのに役立ちます（図20）。

B／Sで自分の資産と負債を管理します。純資産は流動資産の現預金、現金化が容易な株式、外貨、FX、投資信託、保険、固定資産の車、不動産に分けます。P／Lは収益・費用・利益の三つの要素から成り立っています。どれだけ稼いで（収益）、どれだけ費用を使って（費用）、いくらの利益が残っているか（利益）を把握する必要があります。亀田潤一郎氏によれば、私たちの財布から出ていくお金には、基本 消費、浪費、投資の三つの性格があります（亀田潤一郎著「稼ぐ人はなぜ、長財布を使うのか？」［サンマーク出版、2010年］より引用）。

消費と浪費を区別することは難しいですが、生きる上で必須でない飲み会や贅沢品の購入は浪費に位置づけてよいでしょう。浪費は自分に対するご褒美になるので、無駄なものではなく、必要なものです。浪費をするときは、勝間和代式価値判断基準が参考になります。2時間で1500円の映画の時間単価750円と比較して、500万円の車の価値と比較してみましょう。平均して毎日1時間、10年間車に乗ると仮定すると、500万円÷

（365日×10年）＝1370円になり、映画より割高になります。映画を見ることで得られる喜びと車に乗ることで得られる喜びを天秤にかけて割安か割高かを決めればよいことになります。割高と感じれば車の価格を納得いくところまで下げればよいことになります。

投資は、教育費・自己投資、もしくは将来のために使う当面使うことのないお金です。子どもの教育費はリターンの大きな投資になります。当面使うことのないお金は運用するお金になります。運用期間が長くなれば長くなるほど、大きな運用益を得ることになるので、なるべく若いうちに投資を始めるべきです。もしくは寿命を延ばして運用期間を長くするというのも方略です。リスクを低く抑え資産を増やす方法は積立NISAがよいでしょう。通常運用益は20％の税金がかかりますが、積立NISAなら年間60万円までは非課税です。2024年からは非課税枠が拡大されます。最初は年間60万円から徐々に投資額を増やしていくのが良いでしょう。税制まで頭に入れた資産運用は、知識社会で生きていく上で必須なスキルになります。

C／F計算書を家計に応用すると、正月にいくらの現金があって、年末にいくら残っているのかを、収入によるキャッシュ・フロー、投資活動によるキャッシュ・フロー、財務活動（借入）によるキャッシュ・フローに分けて整理します。まずは、自分のお金をマネージメントすることが資産運用の基礎となるのです。

他者貢献について

自分のためでも、ひとのために役立つことができれば、自分に幸せがもたらされる

Global Financial School代表の上野ゆきひろ氏は、お金儲けをしたかったら、他人（ひと）のためになることをすればよいと述べています。稲盛和夫氏は、「儲」けるという漢字は、分割すると「信者」となります。つまり、お客様だけでなく、社員からも、地域社会からも、みんなから尊敬され、信者ができれば儲かるわけです、と語っています（稲盛和夫著「人を生かす稲盛和夫の経営塾」［日経BP、2013年］より引用）。

アルフレッド・アドラーは、自分が幸福になるには、他者貢献をなし、共同体にコミットし、わたしは誰かの役にたっていることを実感すること、と説いています。渋沢栄一は、智、情、意（知恵、情愛、意志）の三つがそれぞれバランスを保って、均等に成長したも

のが完全な常識であると考え、他者への情愛のない自己中心的な振る舞いを戒めています（渋沢栄一著・守屋淳訳「現代語訳　論語と算盤」［筑摩書房、２０１０年］より引用）。

ジェームズ・アレンは、利己的なものをすべて放棄してこそ、初めて人を愛し、本当に大事なものを手に入れられるようになる、と説いています。ＮＨＫ朝の連続テレビ小説「おかえりモネ」では、神野マリアンナ莉子が主人公の永浦百音に対し、「永浦さん、重いんだよね。ひとのためって言ってるけど、結局自分のためじゃない」と言い放ちました。表現方法は異なりますが、自分のためでも、ひとのために役立つことができれば、最後は自分に幸せがもたらされることが分かります。ひとのために役立つことはやらなければならないこと、すなわちミッションであり、繰り返し述べてきたことと同じことだと気がつくでしょう。

他者貢献そのものが自分に幸せをもたらすとしても、不幸せを感じている人がひとのために役立つことを考えるのは難しいかもしれません。まずは、自分自身が幸せを感じられる充実した生活を送ることを第一に考える必要があると思います。一方で、ひとにネガティブに関わる人が存在するのも事実です。ひとにネガティブに関わることはひとのために役立つこととは真逆な行動であるので、結局幸せを手に入れることはできないと思います。自分がひとにネガティブに関わっていないか自己検証することも重要です。

10カ年計画の途中経過と定年後の展望

10カ年計画の途中経過の検証

ご機嫌な人生を送るための10カ年計画も6年が経過しました。これまでの結果を検証し、必要があれば方略の修正も考えなくてはなりません。結果には必ず原因があるので、達成率が低い項目については、問題点を洗い出し、改善をしていきたいと思います。この10カ年は定年後の15年にご機嫌な人生を送るための準備期間になりますので、あと4年（65歳まで）できるだけパフォーマンスを上げたいと思っています。6項目について、ひとではなく自分の理想の姿を100％として、現在の自分をメタ認知してみましょう。レーザーチャートでそれぞれの達成率を評価して、問題点を改善点に繋げる「自己受容」が重要になります（図21）。

健康は最重要項目です。精神的健康・筋力・ストレッチが健康に影響を及ぼしますが、病気や怪我をしにくい体づくりをすることが健康の目的です。健康を維持することで、ご機嫌な人生を送る時間軸を延ばすことが可能になります。私の場合は、前述のように糖質制限と月～金曜日の朝のランニングが肝になりますが、この二つはサボることなく継続し

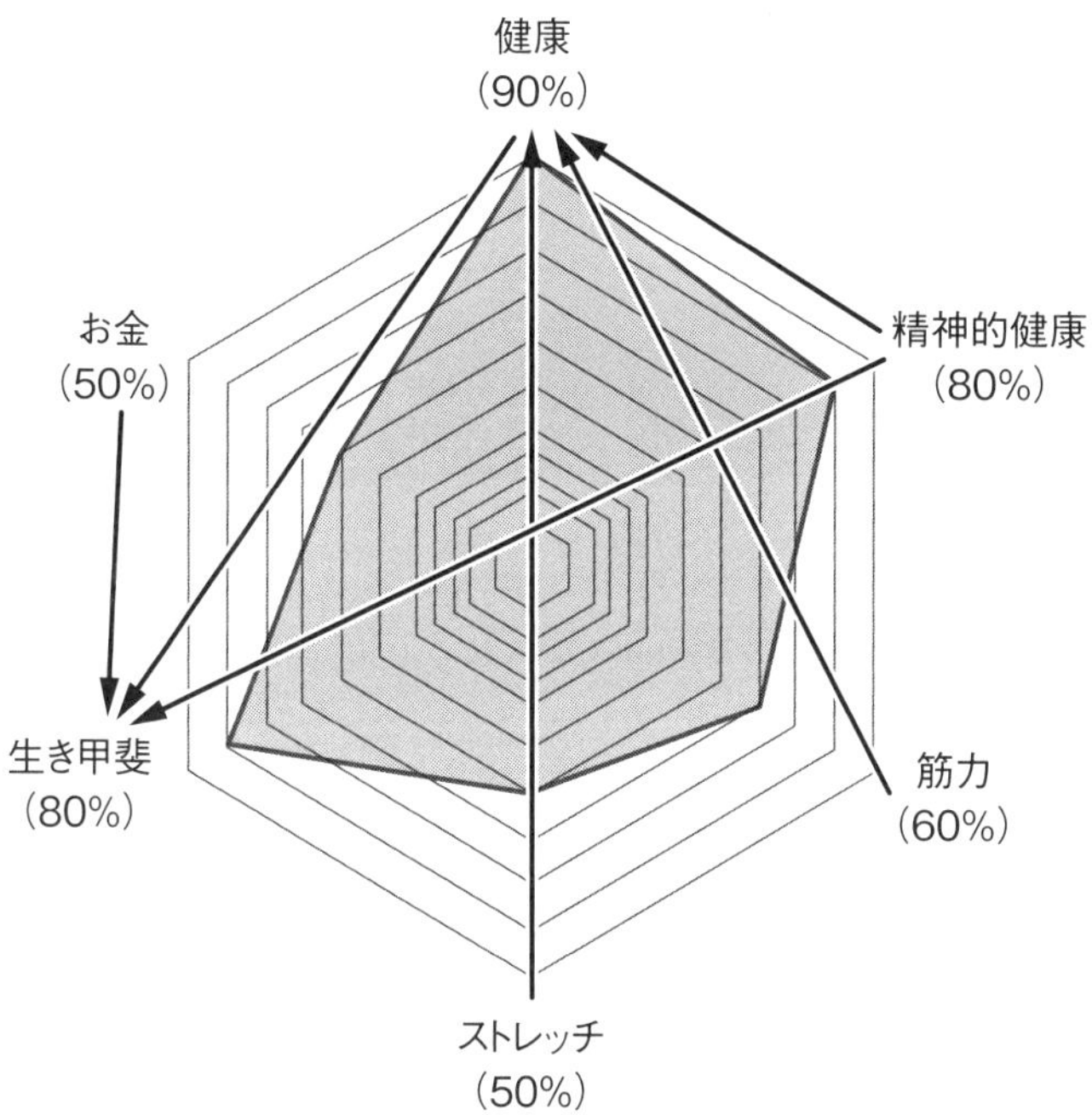

図21　6つの大切なことの達成率のレーザーチャート

10カ年計画が6年経過した時点での健康、精神的健康、筋力、ストレッチ、生き甲斐、お金の達成率の自己評価は概ね合格点である。6つの項目は互いに影響しあうので、6項目のバランスも意識する必要があります。

ているので、健康の大きな推進力になっています。継続は力なりです。糖質制限という用語は自分を抑制・抑圧しているイメージを与えますので、糖質管理という用語の方が良いのかもしれません。日々糖質の摂取量を意識して、ピンポイントで食べるご馳走（ご馳走が必ずしも糖質が高いというわけではない）やスイーツなどの糖質をご褒美と位置づけると、より幸せを感じられるようになります。逆説的になりますが、糖質制限をして糖質の美味しさを再認識するのです。さらにピンポイント効果が美味しさに拍車をかけます。

３年間体重の変化をモニタリングしていると、体重は夏場で下がり冬場で上がり、１年間で２kgほどの変動量があることに気づきました。冬場は脂肪による体温保持機能が働いているのかもしれません。体重も競技ダンスをやっていた二十歳の頃からプラス３kg以内で推移しています。人間ドックでもＬＤＬコレステロール値を除いては大きな問題はなかったので、健康の達成率は90％としました。睡眠時間も過去3年間6時間弱で推移していますが、週末は自宅での深酒をやめ睡眠時間の確保に努めています。ランニングは年々タイムが速くなっており、キロ５分前後のラップになっています。

精神的健康については、物事を判断する際にアドラー心理学を基準に考え、良い精神状態を維持できていると自己評価していますが、腹を立てないという課題については反省点がありますので、精神的健康の達成率は80％としました。自分がひとの課題に土足で踏み込まないように注意するとともに、ひとが自分の課題に土足で踏み込んだときでも怒りを抑えられるように人格に磨きをかけたいと思います。他者貢献については、可能なだけ多くのコミュニティにコミットメントし、所属するコミュニティに貢献できるように、自分にできることを真剣に、そして丁寧にやっていきたいと思っています。

筋力については、毎朝のランニング（約15分）に加え、ブートキャンプ腹筋プログラム（約30分）、脚のエクササイズプログラム（約15分）、腕立て伏せ（約15分）をそれぞれを最低週1回は行うようにしていますので、筋力の達成率は60％としました。懸垂マシーンや筋力トレーニング器具を購入したものの有効活用にはほど遠い状況です。筋力トレーニングはサボるとすぐに筋力が衰え、メニューをこなすのが辛くなり、筋肉痛も出ます。筋力トレーニングは、仕事が忙しくなるとその優先順位が低くなるので、課題は時間の確保です。

ストレッチ（約30分）については、ほぼ毎日行っていますが、なかなか目標に達しないので、達成率は50％としました。当初は、ユーチューバーの動画に合わせて、ただメニューをこなすことに終始していましたが、現在は隙間時間を見つけてのストレッチ、自分の弱点を重点的にストレッチするなど、主体的なストレッチに移行しています。超えるべき課題が見えてきたのは確かなようで、ゆっくりですが前進していると信じて取り組んでいます。

健康とお金は生き甲斐に大きな影響を与えます。現在の仕事が定年を迎えるまでは、生き甲斐＝現在の仕事 という観点で見ると、達成率は80％となるでしょうか。相変わらずやらなければならないことのマネージメントが十分にできていない問題は解決されていませんが、教育・研究活動については、スタッフや共同研究者に恵まれ充実していると言えます。ギターなどの趣味では、ライブ・ステージなどイベントがあれば、やりたいことの後押しになるのですが、日々の仕事に追われる生活は定年まで続くでしょう。定年まで残された時間も僅かなので、今ここでしかできない仕事の優先順位を決めて、悔いのないように取り組みたいと思います。

最後の お金については、自己投資にみあった結果が出ていない状況なので、達成率は50%としました。ファイナンシャルスクールに入学したものの、勉強時間が取れないのが最大の課題ですが、現在執筆中の本の出版の目処が立てば、今後時間の確保は可能だと考えています。見切り発車した株式投資は、ウクライナ戦争や欧米の金融機関の破綻で相変わらず雲行きは怪しいですが、投資信託は着実に資産増加には繋がっているようです。

健康の展望

加齢変化について考えてみたいと思います。60歳もしくは65歳で定年を迎え、第二の人生が始まります。この社会常識は私たち人間がつくりだした慣習です。例外もあります。自営業であれば、年齢にかかわらず何歳まででも仕事を続けられます。政治家には定年がありませんし、米国などでは優秀な研究者であれば年齢に関係なく、仕事を継続することが可能です。日本でも、優秀な研究者は、定年後も特任教授として、研究を継続している人もいますが、多くの人は定年を迎えます。定年制は、人材育成の観点からは重要なしくみです。高齢者がいつまでも現場にいることで若手が育つのにネガティブに働くからです。

今後は少子高齢化に拍車がかかるので、定年そのものの考え方も変わると思いますが、私たちは、この定年という社会常識を無条件に受け入れています。このことが加齢変化に拍車をかけている一面もあると思います。

「もう歳だから」と加齢変化を受け止め、「定年後は悠々自適な生活をしよう」と第一線から退くことを規定路線とするのではなく、ポジティブにアンチエイジングやミッションの継続を考えてみてはいかがでしょうか。65歳で第一のミッションを終え、その後に第二のミッションが始まると考えるのです。優秀な人は、65歳後も第一のミッションを継続することも可能だと思いますが、若手の成長にネガティブにならないような配慮は必要かと思います。小泉純一郎元首相が政治家の定年制を提唱し、中曽根康弘元首相や宮沢喜一元首相を引退に追い込んだのも、若手の成長に配慮した振る舞いだったのだと思います。

第二のミッションを遂行する上で重要なのが、健康の維持、すなわち怪我や病気になりにくい体をつくる努力が必要になります。私の健康維持の方略は、糖質管理とランニング、そして睡眠の質の向上になります。定年後には時間的余裕もできるので、料理も勉強して、スマートな糖質管理を実現したいものです。ランニングは心臓のパフォーマンスを上げるだけでなく、夏場の暑熱順化にも役立ちます。暑熱順化とは体が暑さに慣れることで、熱中症になりにくい体をつくる方略です。ランニングにより発汗量や皮膚血流量が増加し、発汗による気化熱や体の表面から熱を逃がす熱放散がしやすくなります。30分のウォーキングや15分のランニングを週5回行うことで、老人に発症しやすい熱中症の対策になるのです。睡眠時間については改善が必要です。現在（覚醒時間を除いた）睡眠時間は平均6時間を切るので、定年後には7時間は確保したいと思っています。

定年後には病気との共存も考えないといけません。加齢とともにがんになるリスクも増大するからです。私は２００４年に緑内障と診断されました。それ以来、眼圧をコントロールするために角膜と水晶体の間を満たす透明な液体である眼房水の排出をよくする薬の点眼を続け、定期的に眼科で視野検査を受けています。視野の一部の視細胞が死んでいるのですが、20年近く症状が進行していないようです。糖質制限で改善したＬＤＬコレステロールは再び高い状態が続いたので、２０２３年に再度ＬＤＬコレステロールを下げる薬の服用を再開しました。体質もありますが、中古車と同じように長年使った体には色々な不具合が出るのは仕方ないことなので、年に一度の人間ドックで点検をして、問題があれば適切に対応していくことが求められます。

いずれにしろ、健康の維持は、65歳時のパフォーマンスをどこまで維持できるかにかかっています。未知の世界への人体実験の挑戦なので、継続は力なり、を信じて、まずは80歳、次は100歳、そして120歳と限界への挑戦を続けていきたいと思います。

精神的健康の展望

アドラーが指摘しているように「人間の悩みはすべて人間関係の悩み」です。一方で、幸せをつかむためには、コミュニティにコミットメントし、人と関わることが必要です。精神的健康のための方略は、課題の分離、承認欲求の否定、自己受容、他者貢献に集約されます。「自己中心的な人との付き合い方」の項で述べたように、自分がひとの課題に土足で踏み込まないように注意するとともに、ひとが自分の課題に土足で踏み込んだときでも怒りを抑えられるように人格に磨きをかけたいと思います。

教育の現場でも、学生の不勉強やメタ認知の低い受動的な学習態度にイラッときてしまう自分を抑えきれない場面がありますが、アドラーは怒ることや褒めること自体が縦の関係だと指摘しています。怒りを抑え、論理的に学生の学習態度を正すような方略を取ることが自分の課題です。

他者貢献については、論文査読業務は定年後も引き続き受け入れていこうと考えています。長年学会の機関誌の編集に携わっていますが、快く査読を引き受け、期限内に査読を完了してくれる査読者を探すのは容易ではありません。論文の審査はピアレビュー（同じ研究分野を専門する研究者が論文の内容を審査し、その雑誌に掲載するか否かの判断材料にする評価方法）なので、日々研究者には論文査読依頼のメールが届きます。忙しくても査読を引き受けるのが研究者の使命でもあるのですが、この仕事が研究者の忙しさに拍車をかけているのも事実です。定年後に余裕をもって論文審査をすることは、アカデミア（大学や公的研究機関やそこで働く研究職を指す）への恩返し（社会貢献）になるかと思います。

昨今、ChatGPT（Chat Generative Pre-trained Transformer）が巷を賑わしています。

ChatGPTはOpenAIが２０２２年11月に公開した人工知能チャットボットです。将来ChatGPTが論文の査読をサポートしてくれることが期待されます。論文の審査では、（1）正当性、（2）論理性、（3）新規性、（4）重要性、（5）普遍性、（6）倫理性、（7）論文の体裁の評価項目を審査するのですが（水島昇著「科学を育む査読の技法」羊土社、２０２1年）、まずChatGPTが論文査読を行い、査読者がその正確性の確認や足りないポイントの追加をするだけなら、大分負担が軽減されます。著者が論文を投稿する前に、ChatGPTで自分の論文の正当性、論理性、新規性、倫理性、論文の体裁などを事前にチェックできれば、論文レベルの向上に繋がるのかもしれません。科学の進歩を活用して、より創造的な仕事を人間が行う世界を自分の目で確認したいものです。

老後に重要なことは「きょうよう」と「きょういく」だと言われます。教養と教育という意味ではなく、「今日用」があって、「今日行く」ところがあることが重要だという意味です。老後には、できるだけ多くのコミュニティにコミットメントすることが重要なのでしょう。同窓会、同級会、クラブのOB・OG会、バンド仲間、ヨガ教室、ダンス教室、ギター教室など様々なコミュニティにコミットメントしていきたいものです。さらに、コミュニティで自分が誰かのために役に立っていることを実感することが精神的健康にポジティブな影響を及ぼすのです。精神的健康は生き甲斐と大きくリンクしていることを理解することも重要です。

筋力の展望

人間の筋肉は30歳頃をピークに減り始め、普通に生活しても、10年経つと10%の筋肉が減少し、80歳では30歳頃のピーク時に比べ約3分の2まで減少するといいます（石井直方著「ゆるんだ体が引き締まる時短スロトレ」学研プラス、2014年）。筋肉量が減ると代謝も下がるので、消費エネルギー量が減少し、肥満に繋がります。運動でしっかり筋肉を鍛え、代謝を下げない体をつくることは、年齢に関係なく重要なことです。

毎朝のランニング（約15分）に加え、ブートキャンプ腹筋プログラム（約30分）、脚のエクササイズプログラム（約15分）、腕立て伏せ（約15分）を継続するとともに、懸垂マシーンで現在1回しかできない懸垂を10回までできるようになることを目標にしています。

継続は力なり、を信じて、80歳、100歳、そして120歳と続けていきたいと思います。

「筋力について①：筋力と健康との関係」の項でも示したように、筋肉が出す物質「マイオカイン」は、がんの抑制効果、うつ症状改善効果、脳の活性化、体の免疫のバランスを整える可能性も示されています。私たちの体の中では日々がん細胞が生まれ、体はウイルス感染の危険に晒されていますが、ナチュラル・キラー（NK）細胞ががん細胞やウイルスに感染された細胞など不完全になった自己の細胞を見つけだして殺してくれます。すなわち自己に似ている非自己を攻撃してくれるのです。加齢、喫煙や偏った食生活、睡眠不足、ストレス、過度な飲酒でNK細胞の活性が低下することが知られています。免疫力の強化は健康な体を維持する上で極めて重要です。筋力トレーニングは体の免疫力の強化に繋がる可能性もあるのです。

交感神経と副交感神経のバランスも重要です。白血球は、体を異物から守るために全身の血液を巡っていますが、白血球の中には、顆粒球が60％、リンパ球が35％、マクロファージが5％の割合で存在します。但し、この値は健康状態で大きく変わります。交感神経が興奮すると顆粒球が増えて、副交感神経が興奮するとリンパ球が増えるからです。

交感神経と副交感神経のバランスを考えると、リンパ球の適正値は35～40％なので、リンパ球を適正値に保ち、顆粒球が70％を超えないようにすることが重要です（安保徹著「病気にならない人の免疫の新常識」永岡書店、２００９年）。

人間ドックの結果を見ると、血液検査では、リンパ球の適正値が18～50％、顆粒球の適正値が42～74％と広めになっていますが、最低限この範囲内に収めることが必要です。私の場合、仕事が忙しくなり睡眠時間が足りなくなると、決まって鼻の頭に吹き出物ができます。これは、交感神経優位な状態が続き、活性化した顆粒球が皮膚の常在菌に攻撃を仕掛けているのでしょう。２０２２年の人間ドック結果によると、私の白血球には、リンパ球が24・２％、顆粒球が69・０％で、交感神経優位の状態なので、もう少し副交感神経優位の状態をつくる努力が必要なようです。

学生の頃に4年間やった競技ダンスを再開することも視野に入れています。大学の競技ダンス部の顧問を引き受けた時に、週に1回でも競技ダンスをやろうかと思ったのですが、実行に移せませんでした。ストレッチで骨格筋のパフォーマンスを最大限に発揮できれば、学生時代より良いダンスができるのではと思っています。

ストレッチの展望

かつて私の研究室に体の柔らかい女性の大学院生がいて、シックスオクロックができたのです。シックスオクロックとは、ちょうど時計の針が6時を指すように、180度開脚するバレエの姿勢です。その時、私はシックスオクロックができるようになりたいと思い、その大学院生の指導を請い、ストレッチを開始しました。シックスオクロックと羽生結弦選手のビールマンスピンを重ね合わせ、55歳からストレッチを始め、10年かけて「55歳メタボ親父がイケメンスケーターになる方法」を確立しようと思ったのでした。現在のストレッチの進捗状況をみると、とてもシックスオクロックができるようになれるとは思っていませんが、少しでも柔らかい体をつくるのがストレッチの目標です。

定年後には、ヨガ教室かピラティス教室に通いたいと思っています。今はその準備期間と位置づけています。ヨガとピラティスはともにボディとメンタルの健康に良いワークアウト（練習、トレーニング、運動）です。ヨガは、古代インド発祥で、3000年続く心と体の訓練で、ピラティスはドイツ人解剖学者ジョセフ・ピラティスが20世紀初期に体のリハビリのために考案したエクササイズです。ヨガは、より健康な生活を送れるような助けになり、怪我を予防して、より強い体をつくるためのライフスタイルで、癒し効果もあるようです。一方、ピラティスは動きを通して体幹強化を重視し、可動性や柔軟性が向上するようコントロールして、全体的な健康やフィットネス、体のケアに繋げます。ピラティスは動きがベースで、ヨガは姿勢と静止がベースで両者は共存します。どちらが良いかは、ゆっくり考えたいと思います。

ストレッチにしろ、ヨガにしろ、ピラティスにしろ、あるレベルまで到達したら、「解剖学をベースにした55歳から始めるストレッチ（仮題）」という本を出版し、壮年から老年のお父さん方に希望を与えることができたら楽しいなぁ、と妄想を描いています。

生き甲斐の展望

現在、やらなければならないこと のためにやりたいこと が制約されているのは事実です。制約されていることの一つが英語力の向上です。日常、英語の論文を読み（リーディング）、英語の論文を書くこと（ライティング）はストレスなく行っていますが、ヒアリングとスピーキングがなかなか上達しません。現在も ながら勉強をしていますが、本気で取り組まないと上達しないようです。好きなミュージシャンのライブでのMCの内容を理解し、ネイティブとストレスなく会話ができたら、より会話にコミットメントできて、世界が広がると思います。英語力向上の方略は胸の中にあるのですが、まずは実行に移すことにかかっているようです。

なかなか上達しない歌とギターも決め手はギター教室かもしれません。ピアノも弾けるようになりたいと欲張りなことも考えています。定期的に仲間と集まりバンド練習をすることも重要だと思っていますので、まずはコロナ禍でペンディングになっているバンド練習を再開させたいと思っています。

出張時の移動時間に本を読むのが私の重要なタスクです。今はスマホの電子書籍で読書ができるので、隙間時間を見つけて本が読めるので効率的です。しかし、コロナ禍で出張がなくなり、ほとんどのイベントがオンラインに移行した時に読書時間が激減しました。知識社会を生き抜くためには、情報の入手と複眼的な考え方は極めて重要です。定年後は、空いている時間を利用して、できるだけ多くの本を読み、自分の視野を広げたいと思っています。

自分のやりたいことを求めるのではなく、自分の能力を社会のために還元することを考えると、色々な可能性が見えてきます。私は常々、もう一人自分がいれば、自らの仕事をマネージメントすることができるのになぁと思っていますが、それは叶わない夢なので、自分のパフォーマンスを上げるしか術はありません。

日本の大学には研究支援スタッフの数が少ないのが現状です。大学などの研究組織において、研究者の研究活動の活性化や研究開発マネージメントの強化を支える業務に従事するＵＲＡ（University Research Administrator）が一般的になりましたが、個々の研究者の研究そのものを支援するしくみは十分ではありません。自分が誰かの研究支援業務を行うことができれば、忙しい教育・研究者の助けになります。例えば、大学院生の教育（研究指導や論文執筆サポート）を忙しい教育・研究者とともに行うのです。研究支援だけでなく、教育・研究者のレベルアップにも繋がるエデュケーショナル＆リサーチ・コンサルティングも含めた仕事です。

現在、学会の教育講演で、英語による科学論文作成法、研究成果のアピール法、文献検索・画像処理法などを行っています。書籍の購入やウェビナーに参加して日々情報入手をしていますが、プレゼンの準備をしていると、複数のリソースから入手した知識・スキルを統合して、そこに自分のオリジナルなＴＩＰＳ（ヒント、コツ）を加え新しい価値観が創造されていく過程を楽しむことができるので、大きな達成感が得られます。学部生の解剖学教育しかり、教育コンテンツを作成する活動は自分の能力と経験を活かす、ひとの役に立つミッションです。また、歯科医師に必要な教育についても真剣に考えてみたいと思っています。ユーチューバーとして、学生や臨床医に向けた歯科医師に役に立つオンデマンド教育コンテンツを提供するのも社会に役立つ取り組みになると思います。

第一のミッションとはまったく関係のない新しいことに挑戦することも夢です。司法書士や公認会計士の勉強をすることは、「お金」に直結する実学なので、大変興味があります。資格を取ることが叶わなくても、目標をもって勉強することで、社会で生き抜くための必要なリベラルアーツを学ぶことになります。残された4年の現役の間に、どのような第二のミッションができるのかを考えていきたいと思います。

お金の展望

お金に対して正しく向き合い、安定した仕事に就き収入を稼ぎ、そのお金を正しく扱い、お金を働かせることができる人が、お金の教養のある人です（泉正人著「お金の教養　みんなが知らないお金の『仕組み』」大和書房、2010年）。泉氏は、収入を「2：6：2」に分けることを推奨しています。2割を貯金、6割を生活費、2割が自己投資になります。定年後には、病気のリスクに備え、ある程度の蓄えが必要になりますが、子育てリスク（子どもの教育を含め家族を養う経済力の担保という意味）から解放され、生活費も（仕事上の付き合いも減るので）現役の時ほどかからなくなる可能性があるので、収入を分ける比率は柔軟に変えることができそうです。

泉氏に従い、買ったものが、払った額以上の価値がある＝「投資」、同じ価値がある＝「消費」、払った額以下の価値しかない＝「浪費」と考えると、今のところファイナンシャルスクールへの投資は浪費になっているようですが、今後は浪費から投資にシフトできるようになれば良いと思っています。一方で、「自分のお金をマネージメントする」の項で述べたように、浪費は、頑張った自分へのご褒美になるので、単純に払った額以下の価値しかないとは言い切れない一面もあります。自分の生活の中で必要な浪費を位置づけることも、幸せのためには重要なことでしょう。

お金の問題は、株式、投資信託などの「株」、国債、地方債などの「債券」、土地、建物などの「不動産」、金、大豆などの「商品」、円やドルなどの「為替」という5つのうち、どこに投資していけばよいのかということになります。泉氏によれば、この5つについて知り、世界中のお金がどこに集まっているかを先に探すことができれば、資産は増えていくとのことです。その前には、まずは自己投資です。将来の自分を支えるお金を扱うためのスキルを身につけ、お金の管理方法を学ぶことですが、入学済みのファイナンシャルスクールで多くのことを学び、学んだことを活かせるようにしたいと思っています。

自分の資産を大きく増やすことができれば、それを今の自分を育ててくれたコミュニティ（大学、解剖学、歯科基礎医学など）に還元できれば良いですが、夢が叶えば大きな他者貢献になるでしょう。

エピローグ

２０２２年10月に韓国チェジュ島で開催された国際学会シンポジウムでの基調講演の準備で渡航直前まで発表の準備に追われていました。コロナ禍で見合わせていた国際学会への参加は３年ぶりです。学会発表そのものの準備というよりも、渡航のために１週間ストップする講義準備や事務作業などのやらなければならないことをこなすために学会発表の準備時間が取れないというのが実情です。この追い詰められる忙しさに、ある種の心地よさを感じている自分にほくそ笑んでしまいます。経験値から滞りなく準備完了する自信があるからなのでしょう。

学会での発表が終わった後は、達成感に包まれたまま韓国の研究者に囲まれた懇親会です。冷え込んだ日韓関係とは無縁の世界です。お酒と料理がはらわたに染みわたり、韓国研究者との楽しい会話で盛り上がる。そんな時に幸せを実感します。自分を客観視できるようになったことに加え、研究費がなかなか獲得できず、自分の研究者としての能力の限界も認識するようになった昨今、私を研究者として評価し国際学会の基調講演に招待してくださった朴桂哲教授（ソウル大学）に感謝です。この追い詰められる↓達成感↓ご褒美が研究の醍醐味なのです。

同じ感覚がランニングをしている時にもあります。走っている時は辛い。でも15分で終わると思うと頑張れる。終わったあとには達成感と心地よさが残る。おそらく幸せホルモンが出ているのでしょう。その後の朝食がご褒美です。フィジカルトレーニングの時も然りです。追い詰められる↓達成感↓ご褒美が幸せのポジティブサイクルなのです。結局、「80歳、100歳になってもご機嫌な人生を送りたい」というポジティブな人生の目標が、今の自分を幸せにし、将来に希望をもてることが生きる活力になっています。

本書の執筆活動も追い詰められる↓達成感↓ご褒美のサイクルになれば良いと考えています。〆切がないと自分を追い込むことはできません。幻冬舎メディアコンサルティングとの出版契約をした以上、もう後戻りはできません。原稿の〆切も提示されています。自分を追い詰めることに成功したのです。幻冬舎メディアコンサルティングとの邂逅がなければ、やらなければならないことで日々追い立てられている現状のタイミングで脱稿することはできなかったでしょう。本が出版された暁には達成感を得られるのは確かです。多くの人が本書を手に取ってくれれば、ご褒美となります。

私は中日ドラゴンズのファンであり、故星野仙一選手・監督のファンでした。確か阪神タイガースの監督時代のブログで元巨人軍・ヤンキースの松井秀喜氏の座右の銘を紹介していました。「意識を変えれば行動が変わる、行動が変われば習慣が変わる、習慣が変われば運命が変わる」、という内容だったと思います。「プラグマティズム」と呼ばれる「物事の考え方や解釈の価値は、それがわれわれの実生活の中でどう役立つかに相対する」という考えをもつ米国の哲学者ウィリアム・ジェイムズの言葉のようですが（スティーヴン・C・ロウ編著・本田理恵訳「ウィリアム・ジェイムズ入門　賢く生きる哲学」［日本教文社　１９９８年］より引用）、正確な出典には到達できませんでした。ブログはさらに続き、星野氏は松井選手が大リーグに行っても必ず成功すると太鼓判を押していました。習慣が変わらなければ、意識、行動が変わったとは言えず、習慣が変われば運命をも変えることができるのです。たった一度しかない人生、運命をポジティブに変えるのもあなた次第です。

大島勇人（おおしま はやと）

1961年生まれ、東京都出身。
新潟大学歯学部歯学科卒業、歯科医師。
新潟大学大学院歯学研究科修了、歯学博士。
2002年1月新潟大学歯学部、大学院医歯学総合研究科　顎顔面再建学講座
硬組織形態学分野教授。
専門は解剖学、口腔解剖学、口腔組織・発生学。
主要な研究テーマは歯の発生生物学、歯髄生物学、デンタルインプラント。
歯の発生機構や歯髄組織修復機構の解明から歯の再生へと研究を展開し、
将来の歯や歯周組織の再生医療に繋がる研究をするのが目標。

ご機嫌《きげん》な人生《じんせい》を送《おく》るために必要《ひつよう》な6つの大切《たいせつ》なこと

2023年8月31日　第1刷発行

著　者　　大島勇人
発行人　　久保田貴幸

発行元　　株式会社 幻冬舎メディアコンサルティング
〒151-0051　東京都渋谷区千駄ヶ谷4-9-7
電話　03-5411-6440（編集）

発売元　　株式会社 幻冬舎
〒151-0051　東京都渋谷区千駄ヶ谷4-9-7
電話　03-5411-6222（営業）

印刷・製本　中央精版印刷株式会社
装　丁　　くらたさくら

検印廃止

Printed in Japan
ISBN 978-4-344-94523-4 C0095
幻冬舎メディアコンサルティングＨＰ
https://www.gentosha-mc.com/